# 体育产业
## 发展研究

冯武龙 ——————— 著

Research on
the Development of
Sports Industry

经济管理出版社
ECONOMY & MANAGEMENT PUBLISHING HOUSE

**图书在版编目（CIP）数据**

体育产业发展研究 / 冯武龙著. -- 北京 ：经济管理出版社，2024. -- ISBN 978-7-5096-9967-6

Ⅰ．G812

中国国家版本馆 CIP 数据核字第 2024NQ3127 号

组稿编辑：张巧梅
责任编辑：张巧梅
责任印制：张莉琼
责任校对：王淑卿

出版发行：经济管理出版社
　　　　　（北京市海淀区北蜂窝 8 号中雅大厦 A 座 11 层　100038）
网　　址：www. E-mp. com. cn
电　　话：(010) 51915602
印　　刷：北京晨旭印刷厂
经　　销：新华书店
开　　本：720mm×1000mm/16
印　　张：11
字　　数：145 千字
版　　次：2025 年 6 月第 1 版　　2025 年 6 月第 1 次印刷
书　　号：ISBN 978-7-5096-9967-6
定　　价：88.00 元

# 前　言

　　体育产业是在一定的经济和文化条件下产生和发展的，在国民经济发展中发挥着重要作用。同时，体育产业在满足社会大众体育需求、提高人民生活质量等方面也起着越来越重要的作用。近年来，我国经济保持持续平稳发展，体育产业在这种良好的大环境下也实现了快速发展，并已经逐渐渗透到人们的日常生活中。

　　在我国体育产业快速发展的同时，社会大众体育消费的需求也在日渐增长，这也是促进我国体育产业快速发展的一个重要原因。体育消费需求的增长在一定程度上反映了人民消费水平的提高，也反映了人们对健康生活的追求，尤其在"全民健身"理念的影响下，社会大众参与体育运动的积极性日渐高涨。

　　本书在撰写过程中参考及引用了部分文献资料，在此向有关作者表示衷心的感谢。同时，也感谢经济管理出版社编辑的辛苦付出。由于笔者水平有限，时间仓促，书中难免有疏漏与不足之处，敬请各位同行、专家提出修改意见及建议。

# 目　录

# 第一章　体育产业概述

## 第一节　体育与体育产业

### 一、体育

（一）体育的构成

体育赛事源于人们在生产和日常生活中的实际需求。体育运动可以用广义和狭义两种含义来定义：①从广义上讲，体育运动是立足于人的生活和社会需求，尊重人的生长、发育、运动和功能改善的自然规律，以各种体育运动为关键工具，促进身体发育，提高身体素质和体育技能，丰富社会文化生活，为经济和政治发展提供服务。②从狭义上讲，体育是教育的重要组成部分。这是一个有目的的、有计划的、有组织的教育过程，旨在全面发展身体教育，提高身体素质，传授体育知识、技术、技能，培养道德和意志品质等。这种狭义的运动定义被称为体育教育。从广义和狭义的角度来看，体育运动的定义都强调体育运动是一种基于不同类型学习的教育过程，旨在促进身体发育和提高身体素质，这也证明了体育运动的基本特征。

随着科学技术的不断进步，各种新型体育运动层出不穷，体育的定义越来越丰富，体育运动的范围也在不断扩大。现代体育主要分为以下三个部分：

1. 休闲体育

休闲体育是休闲运动的一种形式，包括人们在空闲时间参加的各种体育活动，以身体健康和心理愉悦为目的。从体育活动的类型来看，无论是登山、跑步、游泳，还是一系列球类运动，如羽毛球、网球、篮球、足球，甚至是冒险和令人兴奋的极限运动，如 BMX 跳，都被归类为体育活动。体育活动的目标群体被认为是那些参与者，不管他们的年龄、身份、技能或身体状况如何，也不管他们是积极参加体育活动还是只观看比赛。总之，随着时间的推移，人们越来越重视休闲运动在促进社会发展方面的积极作用。

2. 竞技体育

竞技体育又称体育活动，是旨在提高身体、心理和运动潜力，同时提高整体身体素质的严谨的、科学的训练和比赛活动。竞技体育的主要目标是提高运动员的技术能力，努力在体育运动中取得优异成绩，在此基础上促进体育活动发展，为中国的现代化进程提供支持。另外，在现代奥林匹克运动会的催化作用下，竞技体育发展出了适合国际比赛的各种体育项目，并产生了相应的国际体育组织和单项体育联合会。随着社会经济的繁荣发展，公众的生活质量逐渐提高，与大众体育有关的比赛越来越频繁，尽管这些比赛的参赛对象和层次不同，但竞技体育凭借其出色的表演技巧和强大的竞争力，很容易吸引大量观众。因此，竞技体育作为一种具有强大吸引力和简单传播的精神力量，它在振兴社会和文化生活、提高国家道德质量、提升国际形象、促进世界各国人民之间的友谊和团结方面发挥了重要作用。

3. 学校体育

学校体育不仅是学校教育的主要内容，也是全民体育活动的基础。在现代社会的背景下，人才全面发展的重要性日益凸显，因此，培养良好的身体素质和自信的人格已成为现代人才培养计划的关键要素。青少年的身体健康是全国体育活动的基石。为实现体育运动发展的最终目标，学校体育运动应根据不同教育层次和年龄特点，通过体育课程和课外体育活动等形式开展，重点提高身体素质，全面实现学校体育发展的若干目标。因此，它与其他教育过程一起构成了一个整体的教育过程，确保了学生在道德、智力、身体素质、审美和劳动方面的均衡成长。

随着体育运动逐渐走向社会化、娱乐化、终身化和竞争化，现代学校体育运动不仅要注重短期内提高学生的身体素质，还要考虑到学生对未来"快乐"和"发展"的期望。因此，学校体育运动在强调现代体育基本水平的同时，也必须拓宽体育运动的社会渠道，满足学生在体育运动中的兴趣爱好，激发学生积极开展体育活动的自觉性，注重体育锻炼的科学性，不断地提高体育水平。此外，为了适应现代社会的发展，还应满足年轻人的精神和文化需求。

（二）体育的特征

现代体育作为一种在社会各个层面和多个领域得到广泛认可的艺术形式，主要具有以下基本特征：

（1）具有国际特色。学校体育、公共自发体育活动和体育赛事是全世界普遍存在的社会现象，从多个角度改进和发展了现代体育的理论和实践，使其在不同程度上实现了国际传播。

（2）具有社交互动的特点。现代体育的社会化，意味着全社会都参与体育活动，充分发挥现代体育在社会中的功能，使之转化为社会活动。在我国，现代体育的发展没有像发达国家那样向工业化方向发展。尽管由政府主导，逐步向多元化社会管理过渡，但现代体育在我国快速发展仍是发展趋势。事实上，现代体育运动已不再只是起到改善身体健康的作用，而是逐渐改变着人们的生活习惯和生活质量。具体来说，现代体育的社会化主要体现在以下几个方面：①竞技体育的社会化进程涉及由个人或公司经营的特定体育俱乐部以及体育相关协会；②群众体育的社会化，是指人们开始积极参加体育活动，投资体育项目或增加体育活动的消费；③在发达国家，学校体育的社会化表现在向公众开放学校体育设施以及学校利用这些基础设施进行体育教学等方面上。

（3）具有科学特性。现代体育运动的科学性，是指体育管理、训练、教学的基本特征得益于现代科学技术的发展。其中，最重要的是体育训练的科学性：从优秀体育人才的选拔到制订科学的训练计划、运动表现的预测、医疗监督的进行等，所有过程都必须在科技的支持下进行。同时，电子计算机、激光技术和空间遥测技术在体育训练和比赛中的应用，为现代体育增添了更多的科学元素。

（4）具有商业的特点。现代体育向商业化的转变是体育活动更好地适应现代社会的一个积极因素。现代体育的商业化主要包括对体育活动的投资、电视转播权、赛事门票收入、广告收入以及体育场馆和基础设施的有偿使用等。

## 二、体育产业

体育产业是指为社会提供体育产品的同一类经济活动的集合以及同类经济部门的综合。体育产业的发展主要由以下两个因素驱动：人力资本和社会资本。作为国民经济的重要组成部分，体育产业在促进经济发展中发挥着重要作用，对其他产业也具有重要影响。与其他行业不同，体育产业包括几个子市场，这使得它更加复杂。其中，分支市场主要包括竞技项目、体育项目、学校内各种体育项目、休闲娱乐体育项目，以及各类体育器材的管理等。

体育产品包括满足公众娱乐和健身需求的产品，以及各种体育比赛、体育活动和体育相关的产品。体育产业的核心是满足视觉、娱乐和休闲体育领域的消费者需求，主要由生产体育相关产品的各个部门组成。

体育产品主要可分为竞技与表演服务、体育用品与休闲服务两大类。体育产品又可以分为广义和狭义两级，一般是指非营利性公共服务和准广义服务。体育用品包括体育运动产品和体育服务两个方面。此外，体育产业可分为三大类：

第一类是服务型体育产业，不仅具有体育价值，而且还受到相关管理部门的监管。

第二类是与体育有关的产业，包括所有与体育有关的活动和项目。

第三类是实体产业，是以增加经济效益为目标的一系列经济活动。

总的来说，体育产业不仅是中国产业体系中的主要环节，也是国民经济不可或缺的组成部分。

# 第二节　体育产业的内容和类别

## 一、体育产业的内容

体育产业不仅满足了人们对多样化体育运动的需求，而且还是所有生产经营组织的根本反映，其中包括体育生产、体育器材销售、体育器材生产和体育服务等几个领域。体育产业主要涵盖四大领域，即体育本体产业、体育相关产业、体育延伸产业和体育边缘产业。

1. 体育本体产业

体育本体产业主要是基于体育独特特征的制造业和服务业，其中最具代表性的产业是体育培训和竞赛指标，它们构成了一个特定产业部门的集群。

2. 体育相关产业

体育相关产业是指以体育为资源、以体育为生产和服务资源的行业，包括体育器材生产、体育广播等代表性产业。

3. 体育延伸产业

体育延伸产业是围绕体育产业构建的多元化产业网络。其中最具代表性的行业是体育票务、体育保险、体育旅游和体育经纪，它们共同构成了一个全面的行业网络体系。

4. 体育边缘产业

体育边缘产业是为了充分利用体育核心产业的优势而提供服务的综合部门。这些部门为体育活动提供饮食、住宿和纪念品等，它们是体育核心产业的关键部分。

## 二、体育产业的类别

在对体育产业进行分类时，国内和国外的体育专家持有的看法各不相同。下面，我们将对这个问题进行深入的探讨和解释。

（一）国外体育专家对体育产业的分类

关于体育产业的分类，国外的观点主要围绕以下三种模式展开：

1. 皮兹模式

皮兹模式是由学者皮兹于 1994 年提出的，这一模式把体育产业分为体育表演、体育生产、体育推广三类。

2. 米克模式

米克模式是由米克于 1997 年提出的，这一模式把体育产业分为体育娱乐、体育产品、体育支持性组织三部分。

3. 苏珊模式

苏珊模式是在 2001 年由苏珊首次提出的，该模型将体育产业分为两大类：体育生产和体育支持。其中，体育支持扩大后，包括政府相关体育组织、各种体育协会、体育公司管理、体育媒体、体育设施以及六个子类别的建设和运营。目前，体育科学家和外国专家对体育产业的分类是基于现代西方社会和经济背景下体育产业模式的生存和运作的。在西方的发达国家中，体育产业的兴起相对较早。国外的体育学者和专家在对体育产业进行分类时，主要是按照体育娱乐产品的生产、销售和组织管理的各个环节进行细致划分。他们对于体育产业的分类思路大致相同，都是基于体育娱乐产品的生产和管理流程来进行的。在这个基础上，体育产业系统主要被划分为三个子系统：体育生产子系统、体育营销子系统以及体育支持保障子系统。此外，体育产业链的上下游关系可以作为分类标准，根据该标准，体育产业可分为上、中、下三个产业。在这里，上游产业是体育产业的基本组成部分，它主要表现在体育产业的原始外观上，包括健身、娱乐和两个主要领域的竞争表现。中游产业为健身、娱乐和表演竞争提供间接支持，包括运动设备、运动服、鞋子和帽子、体育媒体、体育调解服务、体育训练、体育场馆、体育健康恢复管理等领域。下游产业为制造业，制造业是指向上游和中游产业提供间接服务的相关行业。如果这些制造业短缺，运动食品和饮料、体育旅游、体育建筑和房地产等原始行业的生存和运营将会受到影响。

根据体育产业链的上下游关系划分标准，这与体育产业的发展特性是一致的。该标准基本上解释了体育产业是从体育活动开始的生产产业链和发展管理，同时也揭示了体育产业与一般产业之间的关系，突出了体育产业自身的特点。

在当前的市场经济环境中，体育产业的进步与创新速度极为迅速。比如说，由于组织结构的改变，群众体育中的体育活动逐渐演变成了健身和娱乐行业；在竞技体育领域，随着竞赛组织逐渐商业化和职业化，竞赛表演行业也随之兴起。在经历了连续的改革和成长后，围绕这两大核心业务，催生了一系列的衍生产业。在当前我国体育产业的发展阶段，群众体育和竞技体育的进步应被视为首要任务，因为这两大核心业务构成了体育产业发展的基石。只有上游产业得到良好的发展，中游和下游产业才能实现更为显著的进步。

（二）国内体育专家对体育产业的分类

在国家体育总局发布的《体育产业发展纲要》中，体育产业得到了明确的分类。更具体地说，体育产业主要被划分为体育主体产业、体育相关产业以及体办产业等几个不同的类别，这种分类方式在国内体育产业方面较有权威性。

1. 体育主体产业

体育产业主要部分是指由相关体育部门管理的体育产业，它可以充分反映体育的内在价值和功能。体育领域的核心产业包括竞技体育、体育彩票和赞助体育等。

2. 体育相关产业

体育相关产业包括各种体育相关行业的生产和商业活动，包括但不限于体育场地、体育设备、体育服饰、体育食品、体育饮品、体育广告以及体育传媒的经营和管理。

3. 体办产业

体办产业指的是体育部门为了增加收入或支持体育事业的发展而进行的，除了体育主体产业之外的其他生产和经营活动。

# 第三节　体育产业的属性与特征

## 一、体育产业的属性

体育产业是在现代市场经济环境下诞生的一种产业模式，可以认为，体育产业是在组织生产、消费和盈利能力方面由自给自足模式转变的产业模式。在市场经济的背景下，体育产业呈现为一种新型的产业模式，其特点是体育活动的组织更为专业化，以及更加注重运营的盈利方式。体育商品的持续出现和体育经营企业的持续扩展是其明显的表现形式。然而，体育产业的核心特性在于它的价值观念，因为这些价值观念对体育产业的生存和成长起到了至关重要的作用。如果失去了这些价值观念，那么体育产业将会消失。基于此，我们可以判定体育产业的核心特性仅属于第三产业的现代娱乐领域。此外，在与体育有关的行业中，如体育服饰、鞋帽、器械、食品和饮料等众多的实物商品也是存在的。要判断这些商品是否真正属于体育产业，我们需要从体育产业的定义出发。因此，我们可以推断，这些体育实体产品应当被分类为体育产业的一部分。

从上面的描述中我们可以得知，当我们试图理解体育产业的核心特性时，应该遵循从表面现象中洞察其本质的方法。我们不仅要强调质量的规范性，还需要维护体育产业上下游之间的自然联系，不能仅仅将体育产业局限于提供体育服务产品的单一维度上。只有通过这种方式，我们才能对体育产业的核心特性有更深层次的认识和理解。

## 二、体育产业的特征

体育产业展现出明显的独特性，但对于全球体育产业与我国的体育产业而言，它们之间存在明显的区别。下面我们将对全球体育产业以及我国体育产业的独特性质进行详细的分析和解释。

（一）世界体育产业的特征

世界体育产业的显著特征主要表现在以下几个方面：

1. 商业化程度较高

如今，体育行业已经步入了一个快速增长的时期，并且体育产业已经深入到社会生活的每一个角落和各种行业中。体育产业高度的商业化是其发展过程中的一个显著特点。例如，美国 NBA 职业篮球联赛是迄今最具影响力的职业体育组织之一。NBA 凭借其多年的市场经验，成功地将其商业版图推向了国际舞台。

2. 有着广泛的影响力

鉴于人们能在体育活动中感受到健康与快乐，全球的体育参与者数量呈现出持续上升的态势。现代体育产业具有巨大的吸引力，特别是在其商业价值方面，吸引了大量公司通过体育赞助和广告活动参与其中，其影响力极为广泛。

3. 有着较高的产业产值

伴随着现代社会的持续进步，我们的经济状况也达到了前所未有的高度。随着人们对体育活动的需求持续上升，体育产业的总产值也在稳步增长。体育产业在能源消耗和环境污染方面都相对较低，这完全满足了经济增长模式转变的需求，因此它是一个具有长期生存和可持续发展潜力的行业。

4. 从业人数较多

体育产业不仅产生了广泛的社会影响，还在某种程度上缓解了就业难题，显示出其对促进就业的积极作用。随着体育活动逐渐走向社会化、职业化和商业化，体育产业的国际化水平也在持续上升，这意味着体育产业将在刺激国内消费、提供就业机会等领域，为我国的经济增长注入强大的动力。

（二）我国体育产业的特征

我国的体育产业特征可以从以下三个维度来展现：

1. 属性和特点的差异性

体育产业更加重视其对社会的贡献，它既具有公共属性也有福利性质，满足社会对精神文明的追求是其核心职责。体育产业更加重视经济回报，带有明显的商业属性，而追求经济利益是其核心目标。

2. 资金来源方面的差异性

在我国目前实施的财政和税收政策中，事业单位所需的资金是由国家财政部门提供的，而企业所需的资金则是通过自行筹集或从银行获得贷款来实现的。在税务方面，事业单位不需要缴纳税款，而企业则需要缴纳税款。

3. 经济性质方面的差异性

事业经济本质上是一种以产品为核心的经济模式，其运作主要依赖于行政命令，在其运作机制里，福利、公益和社会效益占据主导地位。而产业经济本质上是一种商品经济，其运作主要依赖于市场的调节机制，这种机制主张以经营活动为核心，并在增强社会效益的同时，持续优化经济效益。

## 第四节　体育产业结构及其变动规律

### 一、体育产业结构的内涵阐释

体育产业结构描述了体育产业各个生产部门之间的技术和经济关系，以及它们之间的数量比例。这不仅揭示了体育产品和服务生产技术的相互依存性和局限性，还显示了不同经济资源（包括体育资源）在各个部门的分布，以及体育产业总产值在各个部门的分布模式。在国民经济体系中，工业结构通常分为三个不同的层次：①三个主要产业间的构成比例关系；②在三个主要行业中，不同行业之间的关系比例，例如工业内部和服务业内部，不同行业之间的关系比例；③在特定行业中，例如体育、健身、娱乐、竞争性表演、体育用品等子行业之间的关系比例结构。

在体育产业的构成中，各个子行业和部门之间都存在某种程度的关联性，这种关联主要体现在体育产业的每个元素、不同的结构之间的相互作用上。例如，娱乐和健身行业的繁荣可以促进体育用品行业的发展，而表演行业的竞争可以促进许多行业的进步，例如体育中介、体育媒体、体育广告和体育博彩等。此外，本体产业可以促进外围工业的发展，进而需要支持本体产业的发展。

因此，想要全面理解体育产业结构的合理性，就应该关注与体育产业结构密切相关的每个元素，并从定性和定量两个维度进行全面研究。只有这样，我们才能全面把握体育产业结构的各个方面，包括要素之间、结构之间以及要素与结构之间的相互关联性。

依据产业经济学的核心理念，产业结构的主要指标包括劳动力、资本和产值，其中前两个指标代表产业的输入，而后一个指标则代表产业的输出。因此，在体育产业中，劳动力、固定资产以及体育产业总产值的分配比例构成了体育产业结构的固定模式。明确体育产业结构合理化的稳定性和变动性是体育产业结构研究的核心目标，这将为体育产业的发展策略和政策制定提供坚实的理论支撑。

## 二、体育产业结构的基本形态

### （一）体育产业的产值结构

体育产业产值结构不仅研究体育产业总产值在国民生产总值（即外部结构）中的比例，还分析体育产业各行业产值（即内部结构）的分布情况。前者展示了一个国家体育产业的成长水平，而后者则揭示了产业内不同行业的相对发展位置。

体育产业由以下三个主要部分组成，即本体产业、相关产业以及外围产业。本体产业在体育产业中发挥着主导作用。只有当娱乐健身行业得到发展时，对运动器材和服装的需求才会显著增加，从而促进体育用品行业的繁荣；只有蓬勃发展的行业的竞争水平达到顶峰时，人们对体育的热情才会继续上升；只有当体育参与人数持续增长时，体育传媒、体育经纪、体育广告、体育赞助等多个行业才能得到真正的推动和发展。体育活动对社会经济的影响主要是通过体育相关产业和外围产业的繁荣来实现的，从而实现经济价值。体育相关的产业和外围产业的发展，反过来也为体育本体产业提供了群众基础、物质支持和技术保障。因此，在体育产业的产值构成中，本体产业、相关产业以及外围产业的产值比例需要保持协调一致。

（二）体育产业的就业结构

体育产业的就业结构可以分为内部和外部两大部分。前者是体育产业内部各个行业的就业吸纳比例，而后者则是体育产业在总就业中所占的比例。

从全球各国的经济发展历程来看，劳动力作为基础的经济资产，其流向的行业或产业都得到了相应的加强，从而为其发展创造了有利条件。同时，工作流程和组成方向的转变对体育产业发展方向和调整内部结构具有重大影响。当然，体育行业的就业结构也将受到体育行业需求增加和技术进步的影响。然而，随着体育产业技术的快速发展，对劳动力的需求却逐渐减少。

（三）体育产业的投资结构

体育产业的投资结构是指在一定时期内体育产业总投资在各个行业的分布情况。在这种情况下，当一个国家调整增加投资的结构时，它将在未来一段时间内对该国体育产业的生产和消费模式以及国内各产业之间关系的发展产生深远而决定性的影响。因此，改善体育产业结构，关键在于调整当前的库存结构，即减少体育产业效率低下行业的库存，促进高效率行业的迁移和整合。

（四）体育产业的需求结构

体育产业的需求结构是指体育市场中不同类型需求的分布。根据不同的分类标准，体育市场的需求有以下几类：

首先是中间的需求。体育市场的中间需求指的是生产和消费的需求，将体育相关的产品（无论是实物还是服务）视为中间的投入，从而产生的投资需求；体育的终极需求实际上是人们在日常生活中的消费需求，以及体育产品在消费活动中的最后消耗。

其次是国内的需求与国外的需求。国内和国外的需求是根据体育市场的地理位置来分类的。在这个全球化和信息化的时代，体育产品的国际化和全球化已经成为一个显著的发展方向。

最后是关于个人的需求与政府的需求。个人的需求与政府的需求是根据体育活动的需求主体来区分的。

体育活动被视为一种带来积极影响的社会公益活动，在众多国家中，政府都会投资建设体育相关的设施，促进体育事业的发展。

## 三、体育产业结构的变动规律

### （一）内部结构变动规律

体育产业产值的内部结构是衡量体育产业总产值在其内部各个子行业中所占比例的关键指标，它不仅反映了体育产业内部结构的协调性，还揭示了一个国家或地区体育产业的独特性质。体育产业内部结构的变化表明，在体育产业的可持续发展过程中，每个子产业的排名都在不断上升或下降。

体育运动作为社会文化的一部分，源于我们的日常生活。最初，人们在闲暇或节日期间进行娱乐和游戏，但随着社会的发展，特别是在现代工业文明、自由竞争和法律规则成为时代的基本精神之后，以竞技体育为主导的现代体育发展迅速。竞技体育鼓励人们在一定范围内自由平等地竞争。从这种对市场经济环境中自由竞争的呼吁来看，体育活动开始出现品牌，从而加速了现代体育产业的发展。早期，体育产业的主要目标是为体育迷或竞技体育迷提供必要的体育设备。从宏观角度来看，早期体育产业主要集中在提供实物产品上，而体育产品的服务比例相对较小，软化行业价值（即实物产品、服务和产品的比例）相对较低，行业范围也相对狭窄。

随着人类社会逐渐转向对生活质量的追求，人们的收入水平和需求层次都有所提升，这导致了体育产业的迅猛发展。自20世纪六七十年代起，体育核心产业经历了飞速的增长，这也催生了众多与体育有关的产业。在此期间，体育产业范围扩大，产品种类更加丰富，同时，行业之间的关系显著加强。在体育服务业快速增长的推动下，体育用品行业经历了快速发展，但增长速度相对缓慢，体育行业的份额逐渐下降，而体育服务业的产出比例迅速增加，行业价值软化也显著增加。在这些新的自然条件下，体育产业结构的调整将不可避免地受到经济结构调整的影响。这表明，在体育产业的可持续发展过程中，体育产业将逐步扩大，内部结构将继续适应。体育服务业在体育行业中的地位将逐渐改善，而体育用品行业在体育行业中的地位将相应下降。所以，这是改变体育行业内部结构的基本原则。

（二）外部结构变动规律

体育产业产值外部结构描述了体育产业产值在国民生产总值中的比例，揭示了体育产业在整个经济中的地位和作用。体育服务旨在满足人们对"生活质量"和"时尚与个性"的需求。随着经济的进步，人们的需求水平逐渐上升，体育也是一项蓬勃发展的职业，这使得体育在国民经济中的中心地位变得更加突出。体育产业的外部结构变化模式描述了在经济增长过程中，体育产业在国民经济中的地位及其所扮演的角色演变方向。随着经济资源在不同产业之间的流动，国民生产总值在各个产业中的分布也随之发生变化，资源分配和生产结构集中在第一产业（农业）、第二产业（工业）和第三产业（服务业）。体育产业的存在是为了满足公众对体育消费的需求，它主要在市场上提供各种类型的体育产品和相关服务，被认为能够"增强科学文化知识，提高第三领域服务业居民的生活质量"。因此，通过观察国民经济各部门的相对形势，我们可以看到，随着经济的可持续发展和人民收入水平的提高，体育产业在国民经济中的作用以及对高等教育部门作用的重要性将逐渐显现出来。这为我们预测体育产业外部结构的方向变化提供了基础。

# 第二章 体育产业的基本结构与经营体系

## 第一节 体育产业的经营结构与经营计划

体育产业的经营模式是通过一个"体育+产业—体育产业和体育产业+经营—体育产业经营"的连续过程逐渐形成和发展起来的。普遍的商业理论主张,经营活动是通过交换机制来满足消费者的各种需求和期望。然而,在现代体育产业的运营过程中,所谓的"交换"实际上是对迄今为止经营成果的浓缩。这意味着从过去仅基于经营者或企业能为消费者提供的商品、服务和设施的经营模式,已经转变为提供能满足消费者需求或欲望的商品、服务和设施的经营模式。这是一种从"以前能生产什么就经营什么"转变为"消费者需要什么就经营什么"的新的经营观念。因此,体育产业的经营范围可能涵盖多种体育用品,或者是多种体育服务和活动(例如比赛等)，还可能包括各种体育信息、活动场地或多种体育计划等。

## 一、体育产业的经营结构

### (一) 体育产业发展的经营目标

体育经营的核心目标是鼓励尽可能多的人以积极和主动的态度参与体育活动。致力于将体育融入人们的日常生活中，使其成为日常生活的一个重要组成部分，从而实现终身体育的宏大目标。因此，这一商业目标实际上并不区分体育行业与体育产业。因此，这成为体育行业和体育产业制定具体经营目标的出发点或初始点。在这一初始阶段，体育行业与体育产业会根据他们各自的独特目标，制定各自的经营策略。因此，体育产业的经营目标不仅具有明确的层次结构，而且是统一和清晰的，它在实现经济收益的同时，也在创造社会价值。

### (二) 经营事业

当人们提及体育事业时，他们主要指的是由政府所提供的各种形式的免费体育服务。具体而言，体育部门或单位是在国家机关的指导下运作的，其全部资金都来自国家，并且不进行经营核算。然而，事业的定义不仅仅局限于此，它还涵盖了为实现特定目标而进行的各种社交活动，因此，事业也可以被视为一种具有明确目的的职业。如果我们将此项工作视为体育行业，并将其视为体育领域的一部分，那么在这种情况下，体育产业很可能被看作是具有明确的公共利益属性的行业。为了达到体育经营的既定目标，我们必须提供符合体育活动参与者或消费者需求的设备、机会和服务。因此，在准备提供、如何提供以及提供何种设备、机会和服务的过程中，都需要进行多种有效的规划和组织工作。体育产业的运营本质上涵盖了为体育消费者提供服务以及为整个社会提供服务的双重含义。

（三）经营资源

经营所需的资源是决定经营是否能够持续发展的关键要素。为了优化体育业务的运营品质，经营者必须具备构成体育服务体系的各种必要资源。例如，在进行体能训练的过程中，为了确保训练的高质量和最佳效果，我们不仅需要确保有足够的体力测量工具、训练设备和场地设施等硬件支持，还需要对专门的体能训练知识、技能、最新的体能训练理论和方法等软件资源进行充分的了解和掌握。身为一个体育业务实体，如果不能确保上述的"软""硬"两大资源，那么实际上就已经失去了生存和发展的保障。因此，在企业运营过程中，为了确保其持续生存和发展，拥有充足的经营资源，并对这些资源进行适当的调整和补充，具有非常重要的地位。

在体育产业的经营活动中，所需的经营资源通常涵盖了经营、管理、策划、财务等各种专业人才，以及进行体育活动所需的设备、场地、器材、预算和信息处理等关键领域。简而言之，这就是人们经常提到的四大核心资源：人、财、物和信息。在体育经营活动中，针对特定的经营目标和特定的经营需求，存在一个明确的方向和约束。

（四）经营活动

此处所说的经营行为是指经营组织所进行的各种活动。组织活动的质量、活动的执行方式以及活动的具体内容，都是直接决定活动效果和实现经营目标的关键因素。经营被视为一个高度重视团队合作的集体活动。尽管有些人可能会提出或制定出卓越的经营策略或行动计划，但要使这些策略或计划达到预期的执行效果，仅仅依赖个人努力是相当具有挑战性的。因此，为了降低不必要的劳动，提升计划或方案的执行效果，并确保达到企业的宏观经营目标，我们首先需要明确进行此类经营活动所需的合作方式和合作策略。如果组织内的成员对该组织的各项计划和目标缺乏了解，那么他们将无法完全领会其深层含义，也将不知道如何有效地进行合作。所以，如何全力以赴地达成经营目标，不仅是全体员工共同追求的目标，也是决定企业运营是否能够顺利进行的决定性因素。因此，对于组织内成员的职责划分、他们的责任感、所拥有的权利以及他们应得的报酬等方面的了解，都应被视为经营组织的核心活动。

（五）经营过程

为了保证业务的平稳运营，必须让具备多种功能的机构按照特定的次序进行组织，并在宏观管理之下进行协同工作。这种经营组织结构所经历的一个完整流程，被称为经营管理学中的经营管理周期。最简单的循环包括：计划（Plan）—执行（Do）—反思（See）和计划（Plan）—组织（Organizing）—控制（Control）这两个阶段。当然，除了体育经营，还需要参与与之直接或间接相关的多种其他活动。

在进行体育经营活动时，企业追求的不仅仅是经济利润，更重要的是通过体育经营活动，准确了解和掌握消费者的消费需求和欲望后，创造新的消费市场和新的消费者群体，从而将体育经营活动整合到企业的生存和发展中。国家和社会的公共机构在进行非营利性体育经营时也是如此。在高度的社会责任感和使命感的指引下，政府有责任对当前和未来的市场状况进行准确的预测和判断。同时，政府也需要仔细分析市场结构中的各种积极和消极因素，以确保实现开发潜在市场和吸引潜在消费者群体的非营利性体育经营目标。在进行经营战略规划时，确立清晰的市场目标观念，并对如何实现这一目标观念的具体操作步骤进行深入和细致的探讨，构成了其中一个至关重要的环节。

在制定一项具体的体育活动经营策略之前，首先需要对市场环境进行深入的分析，并根据收集到的各种市场信息进行综合比较，从而选择并确定主要的经营市场，并在此基础上制定具体且可能达成的经营目标。当然，这些预算也应当涵盖如何分配经营资源的相关问题。与单一的体育经营活动相比，在非营利的体育活动中，所有的体育消费者都享有同等的经营资源权益。然而，在以营利为目的的体育活动管理中，经营资源的分配必须基于体育消费者的真实消费需求和投资决策。此外，体育活动的具体经营策略是基于如何有效地实现本次活动的经营目标来制定和选择的。因此，在经营一次具体的体育活动时，有几个关键因素需要特别注意：首先，消费者期望企业能提供何种产品；其次，要确定具体的时间、地点以及销售的产品种类；再次，当考虑企业产品的定价时，我们必须考虑到消费者在购买产品时直接支付的金额，以及他们在购买产品后所需支付的各种费用，例如时间、精力和劳动等；最后，通过经营体育活动，开展了一系列针对消费者的产品、价格、信息等的销售活动。

经过上述的经营阶段，公司有可能推出与市场需求相匹配的产品或服务。要判断市场经营的目标是否得以实现，关键在于消费者如何评估企业所提供的产品或服务，以及这些产品或服务是否真正满足了消费者的需求和欲望。一旦这些信息被获取，就需要迅速地反馈给经营实体，以便他们能够及时识别并处理潜在的问题。在当今经济服务化快速发展的社会背景下，满足消费者需求的核心观念更多地依赖于消费者的客观评估，而不是企业自我评价。因此，在制定经营策略时，首要的挑战是如何确保公司提供的产品和服务始终保持高品质，从而持续增强消费者的满意度。

关于经营活动流程的上述讨论，有两个核心观点需要特别强调：首先，在市场环境分析中识别出消费者的具体需求。其次，基于消费者的实际需求，为他们推介并鼓励他们采纳公司的产品或服务。同时，确立合适的商业目标、公司的核心目标和理念，以及非营利组织的使命和责任，都对其产生了深远的影响。最后，以营利为核心目标的经营活动，旨在满足消费者的各种需求和欲望，从而提升营业收入并增加企业的营利能力。而对于非营利目的的经营，其成功与否的评判标准实际上是组织是否完成了其既定使命和是否履行了其职责。这意味着经营者在进行经营活动时，必须明确区分两种经营模式的共性和差异性，并据此制定与经营主体身份匹配以及满足其需求的经营策略。

（六）经营环境

从严格意义来讲，经营环境是一个不需要在经营模式中被讨论的议题。然而，如果我们在上述的体育产业经营要素中，将体育活动参与者、消费者、体育事业和体育产业（经营实体）这一整体流程与体育产业的经营效果相结合并进行系统的思考，那么通过增强环境因素所反映出的经营成果可能是无穷的。

例如，人们对于体育活动的需求会因其所处的地理位置、年纪和身体状况的差异而有所不同。考虑到地区的气候、地形、日常生活习惯等环境因素，在不同的时间和地区经营不同的体育活动，已经成为体育产业经营的基本知识。因此，身为一个体育产业的管理者，对于经营区域的体育设备的当前状况、相似设备的运营情况、气候状况、地理位置以及现有和可能的竞争环境等方面，都应该有深入的了解。除了这些，我们还需要关注该地区的居民、教育机构、政府管理部门以及公共福利和体育设备等外部环境因素。

此外，一个地区在体育产业经营上的成功模式，并不总是对另一个地区适用，也不一定对整个国家都适用。要想成功地进行经营，就必须考虑到特定的实际环境需求，并根据当地的环境、社会制度、物质基础和文化背景等因素，进而选择合适的经营策略、方法。因此，针对人们的具体需求，选择何种经营方式一直是体育经营领域研究的焦点之一。比如说，在体育产业的经营中，作为经营实体，我们应该拥有怎样的资源，并通过怎样的活动流程来满足体育消费者的期望和需求。从这个角度来看，作为体育产业运营的核心参与者，我们不仅要关注体育产业的运营，还需要深入考虑与体育产业经营相关或可能涉及的人力、财力、物力，以及人文、自然环境、信息等多个方面的因素。尤其是对于体育产业所需的各种专业人才，如果目前企业内部尚未拥有这些人才，那么就需要思考如何从其他组织中引进这些人才，以及如何加速企业内部人才的培养进程。因此，大部分的商业理论都持有这样的观点：体育产业的运营应当是在特定的经营环境中进行的，盲目地追求超出这个环境的经营是不切实际的。

## 二、体育产业的经营计划

### （一）体育产业经营计划的特征

在体育产业的经营计划中，核心问题在于如何将经营目标具体化。目标的明确性越高，所制定的经营策略也就越清晰。当经营计划的制定更为明晰时，达到预定目标的机会也随之增大。我们必须清楚地认识到，体育产业管理的目标是塑造运动员的未来形象，解决当前管理中存在的问题，并提出具体战略，同时行动计划涵盖实现未来预期目标所需的所有活动。因此，在制订计划时，我们必须深入考虑运动员和组织者的未来，确定要实现的目标，并提出实现这些目标的战略、组织结构和其他相关问题。具体来说，体育行业的优秀商业策略至少需要满足以下主要特征：

1. 以未来的准确预测为前提

体育产业管理计划不仅仅限于在工作场所实施体育产业的具体计划，

还包括体育产业的未来发展、未来的市场发展和实现预期长期目标的战略发展计划。这意味着必须要制定对策，在准确预测未来的基础上应对未来的不可预测性，并应对过程中可能发生的各种变化。

2. 以可能的实现目标为基础

为了实现预期目标并取得预期结果，必须根据该地区的实际情况，将其纳入适合体育锻炼的体育行业管理计划。

3. 制定控制基准

该标准可以解释为测试计划实际执行情况的参考系统或基准。如果所有目标都实现了，那么计划的实施应该达到了正确的状态，且对计划实施情况的评估是合理的。如果没有标准或参考，也就很难获得正确的结果。此外，这些指标还可以用来激励员工努力工作以取得进步。

4. 把握客观资料

如果目标是尽可能了解相关信息，是否可以从许多最重要的材料中进行选择，这些材料是否可以被合理、准确和灵活地使用，都将直接影响总体规划的可行性。只有从成功经验中学习，从失败中吸取教训，才能使规划更加合理和更有意义。

5. 争取共同理解

明确定义依靠所有员工来实施体育行业商业计划的想法，而不是依靠领导者、经理或教练。计划的具体内容、实施计划的具体步骤，以及指导计划及其目标等的努力，不仅应该让每位员工都能理解，而且应该让每位员工都能完全理解。只有通过所有员工参与该计划，才能加强联合管理。

（二）体育产业经营计划的制订

体育产业经营计划的制订，一般有以下四个阶段：

第一阶段：计划的前提。它主要处于客观数据分析的另一边，基于对各种相关因素的准确理解，制定工业管理指南，并设定长期、中期和短期目标。这些战略研究与规划本身相比，规划过程中充满了指导具体行动的应用程序。例如，在环境分析中，周边地区的人口、人口结构、人口流动，以及附近的企业（法人代表）动态、交通状态、人员流量、社会特征（经济收入、学历程度等）、周边环境（同类型的产业经营调查）以及必须仔细调查人口的年龄结构等。显然，这种类型的研究突出了应用特性。

第二阶段：实施长期计划指导方针，并在过程的特定阶段实现目标。因此，这一阶段必须与培训师实施计划相结合，必须包括持续实现计划目标的原始目标、设定新目标和适应过程。如果现阶段没有积极的研究，或者在现阶段没有认真对待，长期规划目标将难以实现。

第三阶段：长期计划中的特定小型计划，如规划阶段、季度规划等。现阶段的计划特别强调过去和未来联系的协同作用。换言之，该计划的目标必须准确定位，也必须围绕计划的总体目标，以便尽早实现计划的总体目标，并积极适应总体计划的要求。

第四阶段：在上述三个阶段完成的基础上进入具体实施的阶段。这时计划的重点已经由原来计划制订或论证的本身，转移到计划的具体执行者上。因此，这时计划制订的任务也发生了变化，主要是提出对执行情况的评价，对计划具体执行状态的修正意见，对调整下个计划的建议、对策等，以保证预期目标的实现。同时，为下一个长期计划的制订收集资料，在保证本计划顺利实施的前提下，努力做好下一个长期计划的前期准备工作。

体育产业管理是整个项目的系统，任何部分都是系统的重要组成部分，都必须提供足够的保证。

## 第二节　体育经营活动的评价方法

### 一、对经营分析与评价的理解

（一）经营过程与经营分析、经营评价

经营行为是基于计划、组织和控制等核心流程来执行的。尤其在控制流程中，无论是计划的执行、活动的组织、业务的开展，还是对各种活动是否真正遵循了预定的计划、是否实现了预期的效果、是否继续执行原先的计划等方面的确认，都强调了以"修正活动"为核心的重要性。然而，在体育产业的日常运营中，经营环境和条件的变动是难以预测和控制的。因此，不管制定了多么严格的计划或方案，或者经营体内部得到了怎样的加强和完善，实际的经营活动往往难以达到预期的顺利程度。换句话说，当企业的经营成果低于最初设定的目标时，实际的经营行为很少会按照预先设定的计划进行，而这些计划也很难持续实施。因此，在经营活动中，这类修正措施是确保正常和稳定地达到预期经营成果的关键，也是提升经营效益的不可或缺的环节。组织在经营过程中的各种活动，都是基于对计划的深入分析和评估，并通过连续的流程来完成的。它是由不同时间段和不同发展阶段的经营目标共同塑造出来的。它的存在和运作，就像一个生物为了维持生命必须获得准确的信息，进行准确的分析和判断，从而采取适当的行动一样。在经营过程中，组织活动的核心是将实际的准确信息融入到经营中，并通过筛选和整理为经营的分析和评估提供支持，进而推动做出明智的经营决策。这也构成了经营活动组织中的关键环节。参考上述作为普通企业或组织的行为准则，我们以"体育产业"为基础，并以"体育产业特有的经营目标"为出发点，对体育产业进行了深入的经营分析和评估。

（二）经营目的和经营分析、经营评价

经营活动是为了达成共同的目标，而进行的各种协调一致的活动。在这种被称为"协调一致"的经营活动中，参与经营的个体对于计划的实施、工作内容的理解程度，包括认识、观点、立场、角度、方法等各方面都存在差异，因此在实际的经营活动中，他们的具体表现也不可能是一样的。在过去，人们始终高度重视对各种经营状况的深入分析和评估。最近在体育产业的经营实践中，我们认识到，如何巧妙地应用各种与实现经营目标相关的分析和评估方法，这是一个应当受到高度关注的问题。换句话说，为了精确地评估哪些人适合特定的工作环境，我们需要灵活地应用各种分析和评估方法，并以特定的实践经验作为研究的基础或依据，这些方面的研究应当受到更多的关注。同时，我们应该更加重视在何种基础上进行评估，以确保评估的准确性和整个评估过程的顺利进行。在组成经营团队的成员中，每个人都有自己独特的目标和意图。例如，实现从普通经营者到经营管理者的晋升，以及从普通员工到管理员工的晋升，这些都有可能变成组织内部的个体目标。体育产业的经营组织也不例外，包括企业的高层管理人员和普通经营人员，企业各个经营部门的负责人和一般工作人员，企业管理机构的高级管理人员和企业经营场所的一般管理人员等，在职位和职务上存在差异。无论是哪种职业、哪种组织或哪种类型的员工，他们都有与之匹配的具体职责、功能、影响、品质和标准，因此，持续地分析和评估以满足组织活动的需求变得尤为关键。

（三）经营分析、经营评价的基本顺序

在进行经营的分析和评估时，最核心的部分是确定如何针对经营活动中的各种业务内容来进行详细的分析和评价的方法。无论进行何种级别的分析或针对何种业务进行评估，通常在制定评价准则、执行分析与评价以及调整和修正相关活动的过程中，都需要深入考虑到可获取的信息特性和其他相关因素。

1. 标准设置

在分析和评估实际过程时，应使用哪些标准进行评估，并应采取哪些标准进行决策，都需要有相应的设置。从某种角度来看，起点是什么，项目类型是什么，选择了什么类型的内容，参考数据是什么，我们可以设定预期目标。事实上，在体育行业的运营过程中，这些目标、标准和基线已经涵盖了标准的定义。例如，在预算规划、设施扩张方面，俱乐部有明确的目标，包括发展计划成员、年度收入和月度日常规划以及销售促销策略。这个目标可以被视为评估的基本标准。当然，在制定此标准后，我们还需要根据实际操作条件进行深入的重新分析和评估，并根据这些评估的结果进行必要的调整。

2. 分析、评价

基于经营活动的实际状况和成果，我们收集了各种必要的相关信息和资料，并对预先设定的经营目标（标准）进行了深入的分析、评估和讨论。在体育产业的经营活动中，这一环节具有极高的重要性。在进行分析和评估时，通常主要依赖于数据和资料的收集作为核心手段。

3. 修正活动

当经营的实际情况与预先设定的经营目标出现偏差，尤其是当这种偏差超出了企业能够接受的警戒线（即预先设定的），那么就有必要立刻重新审视和讨论之前的决策。由此产生的差异程度，可能会因为预先决策的业务内容和影响程度的不同而有所变化。从加强对现场业务状况的监控和提升客户接待能力，到对高级管理人员的更迭，以及员工（包括全体和部分）的调整，所有这些都应纳入修正活动的覆盖范围内。因此，分析和评价的准确性在决定企业是否能作出有效决策方面具有至关重要的作用。

## 二、经营分析与经营评价的对象和内容

### （一）经营分析、经营评价

"经营分析"与"经营评价"这两个词在含义上有很大的相似性，因此，人们常常把"分析""评价"作为同义词或者单一的词汇来混合使用。然而，评价不仅仅是一个简单的评价过程，它还涵盖了从特定视角出发，站在特定立场上，为相应的测定和分析结果赋予意义和价值观等多方面的内容，这其中也经常包括作为诊断功能的分析等方面的内容。作为一种商业行为，经营活动通常与追求盈利的经济行为密切相关，并受到人们的广泛关注和思考。的确，经营学是一个由企业培养而来的新学科，它以企业的各种活动为研究对象，探讨企业的生存和发展，并从经济学中独立出来。此外，它还涵盖了作为组织的经营实体进行的各种活动，这也是人们最为关心和认为最关键的"经营活动"的定义。在这一"经营活动"的定义中，也涵盖了作为经营核心的、长远的、全方位的经营策略决策中的"经营功能"。上述所有的意义和内容都可以简单地总结为经营活动。在经营体育、学校体育以及其他社会福利或公益事业时，除了将营利作为主要的经营目标外，还需要从微观层面深入了解事业经营与企业经营在活动类型和经营

目标上的差异；从更广泛的角度来看，我们应该深刻理解事业经营与企业经营在最后实现的成果上存在的共通之处。换句话说，无论是相同性质的活动还是不同性质的活动，在具体的体育产业经营中，都应该有更广泛、更深入的理解。因此，大家必须格外留意，财务指标作为评估企业基础活动的重要依据之一，在进行与直接经济收益无关的经营评估或事业经营评价时，应当严格区别于仅仅关注组织活动特性和功能等方面的经营评价。在进行不同的经营分析和评价时，我们应当确保各自独特的经营分析和评价特性。因此，我们必须深入了解各种体育产业的运营特性，并根据这些不同的体育产业类型来进行经营策略的分析和评估。例如，在健康体育产业中，我们必须根据该产业独特的服务产业特性来进行经营策略的分析和评估。

(二) 经营分析、经营评价的对象

在经营分析和经营评价中，涵盖了许多相似但又有明显差异的内容。所谓的经营分析，通常是基于企业财务的真实状况和存在的问题来进行的研究活动。所谓的经营评价，通常是指涵盖经营分析的内容，对公司的整个经营流程（包括所有的经营行为）进行的评估活动。在这里，经营分析和经营评价可以被解释为一系列连续的活动，包括确认经营成果、识别经营问题、修正经营行为和明确层次。因此，经营分析和经营评价应从确认经营成果开始进行。通常，由经营活动产生的成果也被称作"经营业绩"。然而，在进行经营分析和评价时，我们不仅要确认是否达到了预期的成果，更为关键的是，我们需要深入了解为何经营业绩未能达到预期，哪些环节出现了影响经营业绩的问题，以及如何针对这些问题制定具体的解决策略。在体育产业的经营活动中，通常会以支持经营活动的人力、财力、物力和组织活动等作为经营分析和评价的主要对象。

## 三、经营分析与经营评价的方法

（一）设置标准

在进行经营活动的深入分析和评估时，两个关键步骤是明确分析的具体内容和确定评估的标准。确立清晰的经营目标和正确的经营方向是至关重要的前提和基础。例如，如何以及基于何种准则来进行这些修正活动，都是基于既定的标准来确定的。因此，为了深入了解在经营活动中出现的各种问题，以及如何制定和确定相应的标准，这些都被提升到了至关重要的地位。换句话说，这一准则体现了经营目标在经营策略中的具体执行或在经营方案中的明确展现。这种细致的计划制定（标准设置）不仅可以增强分析和评估活动的实用性和准确掌握工作效率，还可以作为公司所有员工的工作目标，这也是人们所期望和追求的标准设置功能。为了最大限度地利用标准设置的这一功能，我们必须将这些设定的标准转化为具体的经营策略。

（二）分析与评价

所谓的分析和评价，通常是基于收集的商业活动和其产生的结果等相关的信息和资料，来对企业的经营表现进行评估和确认。在这一阶段，特别强调需要收集何种类型的资料，采用何种方法和手段来收集这些资料，以及在何时进行资料收集，并对所收集到的数据应用何种方法和手段进行深入的分析和评估。举例来说，当涉及公司的经营管理以及与盈利相关的资料收集，以及对参与健康体育消费的消费者满意度的调查设计时，我们必须从消费者的健康体育消费行为开始进行调查，并确保这种调查持续到消费结束为止。

1. 财务分析

财务分析不仅是评估企业运营状态的最基础手段，同时也是评估企业运营状态的最根本方法。这主要涉及对财务部门和人员提交的各种报表和报告的深入分析，其中，借贷对照表和损益计算书是最为常见的工具。

2. 顾客数量的经营分析

对顾客数量的经营分析，既可以视为对所有体育消费者行为的趋势分析，也可以视为对顾客数量和经营关系的研究。该研究涵盖了对各类体育俱乐部、各类体育协会、各类体育组织以及所有使用体育设备和设施的人（使用者）的全面分析。在顾客数量的经营分析中，主要依据顾客的年龄、居住地、性别等基本信息，对使用运动设备和设施影响客户的各种因素、业务流程中的弱点以及主要问题（对象服务）进行彻底分析。在项目管理的战略决策过程中，这些分析数据是必不可少的基本文档。所谓的顾客基本动向数据，其实是指实际参与体育消费的人数，这是一个具体的数值。对一个特定的体育公司而言，这个具体数值通常是由财务部门在不同的时间段内计算得出的，然后还需要根据不同的年份和不同的经营项目进行二次整理和分类。本书以此为基础数据，与其他经营项目、经营周期、年度等相关信息进行对比分析，以确定本期的实际经营成果，并据此调整和设定下一期的经营目标。这份数据在分析客户行为趋势方面具有至关重要的作用。

3. 经营条件的分析

经营环境是决定经营成果的关键要素。在分析经营成果时，我们不仅要关注成功的方面，还需要识别出已经识别出的问题原因，并采取积极的纠正措施。尤其在健康体育产业中，如果经营成果受到影响，那么健康体育事业的进一步发展也会受到制约。这正是人们常说的关于为事业发展提供条件的经营实体活动的问题。在追求事业发展的过程中，经营资源等诸多问题也是影响经营成功的关键因素。

基于上述的经营业绩影响分析和经营条件分析，企业需要将经营分析和评价与实际的经营活动紧密结合，以便更有效地指导其经营实践。正如之前所提及的，由于项目众多，想要完整记录下所有的经营条件是不现实的。

（三）修正活动

经过深入的分析和评估，我们发现在经营过程中遇到的问题需要尽快并迅速地进行纠正。针对出现的问题所进行的纠正措施，也是在长期规划和执行计划过程中不可或缺的一部分。此外，在制定活动修正策略时，执行者的心理状况、工作热情和工作欲望等多个方面的因素都是不可忽视的关键考量因素。在执行修正活动的过程中，面对如设施建设、资金募集和高级管理人员的招聘等短期内难以解决的企业运营难题，以及公司经营计划的制定和经营方向的调整等对企业发展有直接影响的重大决策，包括各种分析和评价的结果，是否应该直接传达给每一位执行人员和每一名员工，或者仅仅传达给中级和高级管理人员，都是在进行修正活动时必须谨慎对待的问题。因此，在经营分析和经营评估的过程中，由于信息来源的多样性和信息性质的多样性，并不是所有员工都能全面了解，有可能会存在大量的限制性信息。作为公司的决策者，在经营目标和方针等方面，不仅不能限制这些信息，反而应致力于让每一名员工都能够更深入地理解这些信息，这是确保公司成功运营的关键因素。

# 第三章　体育产业组织

## 第一节　体育产业组织的基本理论

### 一、体育产业组织的研究对象

在当前的市场经济环境中，产业组织理论借助微观经济学的理论框架，对体育公司、体育市场及其相互之间的交互作用进行了深度分析。

产业组织理论主要关注体育产业中各种组织实体（例如制造商和公司）间的互动，并对这种互动关系进行了详尽的研究。

（1）探讨体育产业中的组织主体如何进行形式上的组织，也就是所谓的组织结构。

（2）探究为何体育产业的组织实体会选择这样的组织方式，也就是所谓的组织原因。

（3）深入探讨体育产业中的组织行为和产业间的竞争（也称为垄断），实际上就是我们所说的组织行为。

（4）探讨体育产业中的组织主体所处的外部市场构造，也就是所谓的组织市场环境。

（5）本书探讨了体育产业中各组织主体的组织模式和结构是如何对市场运作和绩效产生影响的，也就是所谓的组织影响。

产业组织理论的研究目的是为了明确不同体育产业组织主体之间的互动关系，并对相关的行为、环境因素、条件和影响进行深入的分析和描述，从而为政府在产业管理的公共政策和竞争政策方面提供坚实的理论支持。

从经济学的角度分析，产业组织理论不仅是微观经济学的一个组成部分，同时也是微观经济学的核心议题之一。因此，部分学者和专家持有这样的观点，即产业组织理论与价格理论或微观经济学在本质上是相同的，但实际情况并非如此，这仅仅是经济学研究领域中的一种认知误区。从深层次来看，产业组织理论与微观经济学之间有着明显的不同，接下来我们将对此进行深入的探讨。

（1）产业组织理论主要关注不完全竞争背景下的市场结构、公司行为和经济表现，而微观经济学则在完全竞争和完全垄断背景下更加关注市场规划、公司行为和经济表现。产业组织的理论研究与主流的微观经济学在解读垄断或不完全竞争的问题上存在的缺陷是密切相关的。

（2）产业组织理论具有显著的政策导向性，它在一定程度上为政府的相关政策提供了直接支持，这些政策主要包括政府的反垄断措施和直接的管理策略等。

## 二、体育产业组织的理论基础

### (一) 马克思、列宁产业组织理论

1. 分工

分工也叫作劳动分工，意味着将一个生产活动或任务拆分为多个部分，每个部分都由专门的人员完成，而与这些分工紧密相关的是专业技能和团队合作。

社会分工可以分为广义和狭义两大类，而我们在这里所讨论的社会分工，主要是指在狭义上的分工方式。从 19 世纪起，伴随着经济和生产能力的提升，工厂的管理制度得以确立。随着机器的诞生及其广泛的使用，部分劳动效率得到了释放。因此，劳动的分工和生产模式开始逐渐显现，并逐步延伸至各种不同的行业和产业。

在讨论社会分工时，马克思详细地分析和描述了其各种类型，如一般、特殊和个别分工。他明确表示，仅从劳动的角度来看，我们可以将社会生产划分为农业、工业等主要类别，称之为一般的分工；将这些生产大类进一步细分为种和亚种，称之为特殊的分工；而工场内部的分工则被称为个别的分工。

2. 协作

马克思对于"协作"这一概念（特别是在经济领域中的合作）给出了如下的阐释和解读：协作可以被定义为在相同或不同但相互联系的生产活动中，多个人有序、有计划地共同参与劳动的一种劳动方式。

在各种不同的社交背景下，合作的作用呈现出多样性。马克思明确指出，在大型机械工业的背景下，合作与社会分工的作用是相符的，它们有

能力创造新的生产能力，这构成了一种复杂的合作模式。这样的合作模式能够有力地推动个体生产力的增长，催生群体生产力，进而带来更高的实用价值，并减少所需的工作时长。在合作关系中，创造新的生产力被视为最核心的成就。

在体育行业里，无论是制造商、公司、企业还是独立的经济单位，在商品经济环境中，合作都被认为是一种商业行为。合作伙伴间的相互关系是基于契约的，他们为了共同的利益，形成了被称为"经济同盟"的组织。这一契约关系是受到社会法律、经济法规以及其他相关条款的限制和约束的（见表3-1）。

**表3-1 市场经济主体在不同社会环境下彼此之间的协作关系及其社会约束**

|  | 传统社会 | 现代社会 |
|---|---|---|
| 社会结构 | 金字塔型 | 网络型 |
| 社会功能 | 泛化 | 分化 |
| 社会单元 | 家族、庄园 | 个人 |
| 社会分工 | 一定程度 | 无限深化 |
| 社会关系 | 血缘、亲缘、身份 | 契约、规则 |
| 社会治理 | 传统型、魅力型 | 法理型 |

3. 垄断与竞争

马克思持有这样的观点：垄断和竞争都是资本主义生产流程中的产物，它们的出现是剩余价值规律与价值规律共同影响的产物。

马克思明确表示，随着市场经济的不断壮大，垄断和竞争的模式也随之发生了转变，并在市场逐渐成熟的过程中变得更为激烈。他进一步认为，市场经济的崛起导致了资本的集聚和市场结构的转变，从而催生了垄断现象。在市场竞争日益加剧的背景下，为了追求更高的利润，市场参与者开始加大对技术创新的重视，并通过技术革新持续提升生产效率，确保组织各部门之间的资源得到合理配置和最佳使用。

在列宁生活的那个时代，市场经济已经进入了一个全新的发展阶段，其中垄断逐渐取代了竞争。列宁持有这样的观点，即垄断是由"生产集中"导致的，并且垄断被视为"资本主义进入新发展阶段的普遍和基础规律"。垄断对社会经济以及人们的日常生活和生产活动产生了深远的影响，具体表现如下：

（1）垄断促进了资本主义矛盾，加剧了无产阶级和资产阶级两个社会阶级之间的矛盾。

（2）垄断导致了资本主义经济危机的产生和加重，并进一步加强了生产的集中和垄断。

（3）为了获得更多的生产资料，垄断组织在分割国内市场后，会将目标转向国际市场，最终导致产生国际性的垄断同盟。

4. 集中与企业规模

在市场经济的背景下，企业的规模扩张显示出其独特的优势。马克思在其著作《资本论》中详细描述了这种优势，他认为，"为了更全面地组织众多人的集体劳动，并为这种劳动的更广泛发展提供物质支持，且到处都是这样的起点"。知名的经济学者萨缪尔森明确表示，"随着规模的扩大，收益的增长变得尤为关键"，许多人购买的商品"主要是由大型企业生产的"。

集中生产资料和扩大企业规模在提升生产效率、减少生产成本和提升产品质量方面具有明显优势，这也是市场经济在组织和优化市场主体参与生产和竞争方面的一种方式。

（二）马歇尔产业组织理论

阿尔弗雷德·马歇尔（Alfred Marshall，1842～1924）是近现代英国最知名的经济学者之一。在西方的竞技理论历史中，他是首位将"组织"定义为生产要素的学者。马歇尔明确表示，"组织"是生产活动中的"第四要素"，并进一步提出了"工业组织"这一新概念。他还对分工和机械生产如何影响产业组织进行了深入的分析。

马歇尔持有的观点是，没有一个完全竞争的市场存在。在市场中，总存在不同规模的企业、新入驻市场的企业、后入驻市场的企业、正处于增长阶段的企业以及正处于衰退阶段的企业。因此，对于那些已经进入市场的大型企业，它们可能会在某些行业中形成市场垄断，而小型企业则不会与其产生竞争。

马歇尔在谈到垄断形成的组织联合时指出，企业同盟和组织联合主要关注的是最大化收入，这在一定程度上会消除组织联合内部各企业之间的竞争。它们有权决定所有销售产品的数量和价格，但规模经济与垄断之间的矛盾始终存在，这就是著名的"马歇尔冲突"。

马歇尔的产业组织理论在设计产业内部组织间和企业内部的关系时，虽然还没有形成一个完整的理论体系，但它对后代研究市场主体的组织结构和它们之间的关系具有极其重要的启示作用。

（三）张伯伦产业组织理论

张伯伦作为美国产业组织的开创者，持有这样的观点："完全竞争"与"纯粹垄断"是两个截然不同的市场。在这两个完全对立的市场之间，有一个被称为"中间地带"的区域，也就是垄断竞争市场。

在垄断竞争的环境中，各企业都在努力追求最大的利润。同时，新兴企业也更容易进入市场。一个行业内生产者数量的增长会进一步加剧该行业的企业间竞争。不同企业生产的产品存在明显的差异，这种产品差异带来的社会福利超过了由于社会生产能力未被充分利用而造成的经济损失。因此，垄断竞争市场的经济效益得到了显著提升。

## 三、体育产业组织的系统构成

在产业组织理论中，"结构—行为—绩效"这一框架被视为传统的思维模式。这个模型是由贝恩和他的团队所提出的。在"结构—行为—绩效"的理论框架中，我们假设结构、行为和绩效之间的关系是单向的，即公司行为决定市场结构，市场表现决定公司行为。在产业组织理论的早期，市场结构是一个主要因素。目前，产业组织的理论更倾向于强调各种构成元素间的互动和动态演变。有些经济学者持有这样的观点，即结构、行为和绩效之间存在着相互关联的影响。一个特定的市场环境塑造了市场的构造，而这种构造又决定了公司在市场中的行动，这些行动进一步影响市场的表现，而这些表现又会对前者产生反向影响。

（一）体育市场结构

体育市场结构，是指体育行业内各企业之间市场关系的独特性质和表现形态。在体育市场中，各种市场参与者在市场交易中的角色、功能、比重以及他们交易的商品特性，共同塑造了体育行业的市场布局。

1. 体育市场结构类型

根据西方学者的观点，体育市场的构成可以被划分为四个主要类别：完全竞争、完全垄断、寡头垄断以及垄断竞争。所谓的完全竞争，其实也可以被视为纯粹的竞争。在一个完全竞争的市场结构里，产业的集中度相对较低。在这样的市场中，买家和卖家交易的商品数量仅占总交易量的一小部分。因此，他们的交易行为并不会对市场价格产生显著影响。在完全竞争的市场环境中，也不存在任何进入或退出的障碍。此外，市场资源具有很高的流动性，并且所提供的信息也是高度全面的。因此，普遍的看法是，完全竞争的市场更像是一个理想化的市场模式，而在实际社会中，只有农产品和其他少数产品能够与这种市场模式相匹配。

随着社会和经济的持续进步，市场上的竞争模式已从自由竞争转变为具有垄断性质的竞争。这与企业追求最大利润的核心理念是紧密相连的，体育用品制造企业也不例外。所有体育公司都在努力通过增强其供应产品的差异性来保持其在市场中的一定的垄断地位。他们通过增加投资、引入先进的生产工具和技术，以及采纳创新的经营哲学，来最大限度地避免其他竞争对手的进入。

在当前阶段，通过观察国内外体育产业的发展，我们可以看到体育产业的市场结构可以分为三大类：垄断竞争型市场结构、完全垄断型市场结构和寡头垄断型市场结构。

（1）垄断竞争型市场结构。

在体育产业中，垄断竞争型市场结构是一种垄断程度相对较低，但竞争却相当激烈的市场结构。在垄断竞争型市场结构中，存在多种体育组织类型，主要可以划分为体育商业俱乐部和会员制社区体育组织两大类，而这些组织的核心企业通常是规模相对较小的公司。

一是体育商业俱乐部。体育商业俱乐部是一家由私人投资和建设的体育企业，涵盖了保龄球馆、跆拳道馆、马术俱乐部、攀岩俱乐部等设施，其运营目标是通过让消费者参与体育活动来实现最大的利润。体育商业俱乐部提供的体育消费产品比较有特点，且为了吸引更多的体育消费者，展开了激烈的市场竞争。

在激烈的市场竞争环境中，体育商业俱乐部采取了多样化的竞争策略。例如，通过组织各类专家讲座和业余比赛等多种形式，体育商业俱乐部利用标准化和高质量的服务，不断地吸引和培养更多的体育消费者，这不仅有助于扩大其体育消费市场，还能为企业带来更多的利润。此外，体育商业俱乐部也可以通过多种方式来获取特定的特许权或进行广告宣传，从而建立自己的销售渠道，并争取进入最大的体育消费市场。

经过对体育商业俱乐部性质的深入分析，我们发现体育商业俱乐部作为一个体育企业组织，其性质可能是私有或混合的。它的运营受到严格的市场经济制度的限制，所提供的体育产品必须根据市场的实际需求来组织，这使得体育商业俱乐部在效率上超过了政府组织。从一定角度来看，体育商业俱乐部肩负起了一部分重要的职责。在通常情况下，一个国家或地区的经济发展程度和国民的身体健康指数越高，其体育商业俱乐部的发展就越繁荣，体育商业俱乐部的市场人数也会越多，且民众的参与程度也会越高。然而，目前这种类型的俱乐部规模相对较小，其产品技术含量也不高，再加上俱乐部自身实力的局限性，这导致市场的进入和退出壁垒相对较低，而且其持续存在的时间也比较短暂。因此，在当前的市场经济环境中，许多新兴的体育商业俱乐部不能轻松地融入市场并参与激烈的竞争。

二是会员制社区体育组织。会员制的社区体育机构是一个非营利的社会团体，由有着相同兴趣和爱好的人们自发地联合起来，通过支付会员费和接受外部赞助来建立。

通常，负责管理会员制社区体育组织的是职业管理者或者志愿者，并且他们的会员数量受到严格的限制。从一定角度来看，社区体育组织也显示出垄断竞争的特点，它通过组织高质量的体育活动来吸引高水平的会员加入，这直接关系到会员制社区体育组织的未来发展。在市场经济环境下，会员制的社区体育组织并不是体育产业组织的主导模式，而是体育市场中的一个有效补充。

（2）完全垄断型市场结构。

完全垄断型市场结构是一种非常实际的市场结构，具体来说，在现代体育产业的发展过程中，在某个特定的范围内，体育消费资源的生产和销售情况完全由一个体育组织控制。

从体育界的垄断视角出发，体育赛事的垄断被视为一个关键的垄断成果。例如，国际奥委会在奥运会的主办权上具有垄断地位，而其他的国际体育组织，例如国际足球联合会、国际排球联合会和国际田径联合会，在各自的国际体育赛事主办权上也存在垄断情况。

完全垄断市场的一个显著特点是，体育垄断机构采用多种方式和策略来建立自己的市场贸易壁垒，排除所有潜在的竞争对手，确保获得丰厚的垄断收益。

除了体育赛事的组织之外，由于体育行业以及其与其他行业之间复杂的互动关系，在目前这个高度复杂的体育产业环境中，完全垄断市场的现象相当罕见。

（3）寡头垄断型市场结构。

从经营实体的主要业务角度来看，体育行业可以被划分为体育广告、体育娱乐、体育建筑以及竞技体育经营等几个子行业，这些行业都具有明显的寡头垄断特性。从提供体育服务的角度来看，竞技体育呈现出寡头垄断的明显特点，以下是详细的几方面内容：

一是尽管一个体育项目的市场完全由一个体育组织控制和垄断，但我们必须明白，即使是在同一地区举办的相同或不同的体育项目，市场上的竞争依然存在，并且这种竞争是非常激烈的。在特定的地区，为了追求最大的经济回报，各种垄断机构都会采用多种策略来吸引更多的观众，例如最合适的电视播放时间、最多的转播场次、更强大的赛事赞助者等。为了防止过度的竞争，不同的体育产业组织可能会采纳多种策略，针对比赛的时间、转播的时间和赛场上的广告进行协商，以达成共识。

二是从某个角度来看，垄断权是相对的，更具体地说，每一个垄断实体都对其所管理的体育赛事持有显著的垄断地位。例如，拥有垄断地位的垄断组织有权制定比赛规则、确定参赛队伍的数量、设定赞助者的条件和赞助费等，此外，垄断组织还可以设立专门的仲裁机构，负责对比赛过程中产生的所有争议和争端进行仲裁和裁决。总体而言，这些垄断性组织已经构建了一个高度成熟的运营机制，并在特定领域拥有显著的决策权。

三是一旦形成了寡头垄断市场，进入和退出的障碍就会变得非常高。在寡头垄断的市场结构基本确立之后，任何不在垄断范围内的组织或个人想要进入或退出都会面临巨大的挑战。显然，总会有新的竞争对手涌现，他们是否能在已经形成的市场垄断中站稳脚跟，主要取决于他们的组织实力和整体实力。

2. 决定体育市场结构的因素

研究指出，影响体育市场结构的主要因素包括市场集中度、产品差异化以及进入和退出壁垒。

（1）市场集中度。

市场集中度是一个指标，用于确定特定行业或市场中的买家和卖家数量，以及相对规模结构。市场集中度可分为卖方集中度和买方集中度。卖方的集中度显示了该行业的生产集中度，而买方集中度则显示了特定市场的购买集中度。

1）市场集中度的决定因素。市场的集中程度会受到多个因素的影响，包括企业的大小和市场的容量（这是一个关键因素）、行业进入的障碍程度以及横向合并的灵活性等。

首先要明确的是，如果工业市场的规模保持不变，那么企业数量将会较多，市场集中度也会较高。这种现象出现的主要原因是，在目前的市场竞争背景下，大众常常把企业规模的增长看作是评价一个企业优劣的关键指标。因此，每一家企业都存在着持续扩张其规模的冲动，而企业规模的增长也逐渐成为企业家们的主动目标。从另一个角度来看，企业的规模增长在很大程度上会受到政府政策和法规的制约。为了增强国内企业在国际舞台上的竞争力，政府有必要放松对企业合并和合作的限制，助力企业发展成为大型的跨国企业。

其次是市场的容量变动可能会反向地对市场的集中度产生影响。市场容量的变动受到经济增长速度、居民的收入状况以及居民消费模式的显著影响。在市场规模可能减少或保持不变的背景下，大型企业往往选择通过合并策略来获得更广泛的市场垄断，并追求更高的盈利。相对地说，当市场的容量增加时，市场的集中程度可能会下降，这将不利于企业在其所处的产业范围内达到垄断市场的扩张目标。

2）体育市场集中度的特点。体育市场的集中度主要表现为两大特征，以下是详细的分析：

首先，在体育市场中，竞技体育经营、体育用品和体育广告行业的市场集中度明显高于其他大部分产业部门。在竞技体育经营、体育用品和体育广告行业中，已经形成了一种完全垄断和寡头垄断的市场结构，这有助于构建一个庞大的垄断市场。

其次，体育、休闲和健身市场的集中度相对较低。体育、休闲和健身市场以消费者需求的多元性和复杂性为显著特征，这使得极少数企业难以满足数量庞大且需求偏好各异的体育消费者群体的多样化需求。因此，为了在激烈的市场竞争中寻找更好的发展机会，企业必须对市场进行细致的细分，并根据体育人群的地理分布来确定其经营策略、规模和地理位置。

3）市场集中度的衡量指标。衡量市场集中度的主要指标有两个，下面将进行详细的分析：

首先，绝对中等组指数是衡量市场集中程度的基本指标，这意味着这个指数比较关注生产和销售、资产和累计比例关系。

其次，关于相对集中度，这是一个用于描述市场集中度的指标，通常以洛伦兹曲线和基尼系数表示。洛伦兹曲线揭示了该行业所有公司的市场规模和分布，并描述了其市场份额与市场中小型企业、大型企业的累计比例之间的关系。

（2）产品差异化。

产品差异化是指企业在向消费者提供产品的过程中，采用多种方式来赢得消费者的认可和共鸣，使消费者可以有效地将产品与其他竞争公司提供的类似产品区分开来，以实现在市场激烈的竞争中获得积极地位的目标。

在体育市场的结构中，产品的差异化起到了关键的作用。如果产品之间的差异非常明显，那么即便市场的集中度极高，也可能会引发激烈的市场争夺。更具体地说，产品的差异化对市场的构成产生了以下直接的影响：

一是公司通过扩大产品差异化来维持或提高其市场份额和市场集中度。

二是基于产品差异化战略的公司，允许消费者塑造产品，也更倾向于忠诚度较高的其他企业，并增加其进入市场的壁垒。

考虑到竞技体育的运营，不同的赛事组织者提供的体育服务产品存在明显的区别。奥运会与世界杯、欧洲杯等赛事在内容和形式上都有着显著的不同。这类产品的独特性导致赛事组织部门实施了多样化的产品策略，例如吸引顶级体育明星参与、营造活跃的氛围、建设有特色的体育比赛场地以及为消费者提供额外的消费选项等。这些差异化策略不仅赋予产品独特的创新性，还提升了产品的差异化程度和市场集中度，从而激发了消费者的购买热情，并实现了高额的垄断收益。

（3）进入和退出壁垒。

1）进入壁垒。所谓的进入壁垒，指的是新成立的企业在与已存在的企业进行竞争时可能会遭遇障碍，这些障碍阻碍了新企业的进入。进入的障碍主要是由五大要素组成的，以下是详细的分析。

绝对的成本优势——在特定的生产量上，目前的企业可以以更经济的成本生产出与新企业相同的产品。

规模经济的障碍——当新的企业刚开始进入某个产业时，它们很难达到规模经济的标准，与之前的企业相比，它们的生产成本明显更高，这使得它们在激烈的市场竞争中处于不利位置。

销售成本——在激烈的市场竞争环境中，企业经过长时间的努力，已经建立了自己产品的高声誉和知名度，产品的差异性也非常明显。对于新成立的企业来说，要想突破市场壁垒并参与市场竞争，就必须承担高昂的销售成本。

庇护性政策——政府给予现有企业进出口许可证，以及差异化的税收壁垒和专利制度，都可能成为新企业进入市场的障碍。

在寡头垄断的行业环境中，寡头们采取的各种利润率控制手段和对新成立企业的歧视性定价策略,都有可能妨碍新企业的进入市场。

2)退出壁垒。所谓的退出壁垒,是指当企业想要主动或被动地退出某个产业领域时,却发现很难实现这一目标的情形。退出障碍的主要组成部分包括专用性、沉没成本、解雇费以及政府的政策和法规限制等因素。一般来说,资产的专用性越高,其沉没的成本也就越高,这使得企业在退出市场时会面临更大的困难。

除此之外,政府还会对某些公共服务部门实施特定的政策约束,并为它们制定特定的政策和法规,以确保它们不会退出。在体育领域,体育赛事市场具有很高的进入和退出壁垒,但体育休闲市场的情况则截然不同,它们的进入和退出壁垒通常都相对较低。

3. 体育市场结构的测量

(1)企业垄断势力的测量。

企业垄断势力的大小主要是通过勒纳指数和贝恩指数来测量的。

勒纳指数是由美国学者阿贝·勒纳提出的,勒纳指数计算是一种有效的评价标准,其计算公式为:

I=(P-MC)/P

勒纳指数用于量化价格与边际成本之间的偏差程度。通常,当勒纳指数增大时,这意味着价格与边际成本的偏差也会增大,从而使得单一企业的市场垄断能力更为显著。然而,勒纳指数有其局限性,特别是在准确测量边际成本方面存在巨大的挑战:在衡量企业的实际操作时,并未充分考虑到可能的垄断行为;测量是建立在静态价格理论上的,但价格与边际成本之间确实存在一定的差距。

贝恩指数是现代产业组织理论的先驱之一,它通过研究利润来衡量市场结构的指标。其计算公式为:

Ig＝（P−AC）/P

与勒纳指数使用的边际成本相比，贝恩指数的计算采用了平均成本作为基础。通常情况下，当超额利润增加时，贝恩指数上升，这意味着垄断的力量也随之增强。然而，垄断并不是导致高额利润的唯一因素，因此，贝恩指数也存在一定的局限性。

（2）产业垄断和竞争程度的测量。

产业垄断和竞争程度测量的常用测量指标如下：

产业集中度：测量产业竞争性和垄断性的最常用、最简单易行的指标。

洛伦茨曲线和基尼系数：从整体上反映产业的集中状况，从而弥补产业集中度指标的不足。

赫芬达尔指数：工业集中度是通过工业市场中所有公司市场份额的平方总和来衡量的。

熵指数：信息理论中的熵指数概念意味着信息量。熵指数是反映市场上所有公司竞争和垄断的综合指标。

（二）体育市场行为

1. 体育市场竞争行为

体育市场中的竞争行为可以分为定价行为、广告行为和兼并行为。

（1）定价行为。

各体育组织或企业的目标不同，其所采取的定价行为也会有所不同。常见定价策略和模式主要有以下几种：

1）成本加利润定价法。在平均成本的基础上加上一个预期的利润水平的定价方法，其定价公式表示如下：

P＝π+KC+V

其中，P 代表价格，π 代表每单位产品的盈利，C 代表固定的成本，K

代表固定成本的分配系数，而 V 则代表每单位产品的可变成本。成本加利润定价法是一种单方面的主观定价行为，其基本原则是确保回收成本并获得一定的利润，但在激烈的市场竞争中，这种方法可能会变得无效。

2）价格领先制定价。价格领先制定价模式是寡头垄断市场主要的定价方式。其具体的定价模式有主导企业定价模式、串谋领导定价模式、晴雨表型定价模式等几种类型，不同定价模式类型具有不同的特点（见表3-2）。

表3-2　体育企业价格领先制定价模式类型

| 定价模式 | 定价方法 |
| --- | --- |
| 主导企业定价模式 | 由规模最大、市场份额最高或社会影响力最高的企业首先确定价格，其他企业自愿跟随或者被迫跟随确定自己的价格 |
| 串谋领导定价模式 | 由几家规模很大、实力和社会影响力相当的企业通过串谋共同确定价格，其他企业共同跟随确定价格 |
| 晴雨表型定价模式 | 对市场变化中具有敏感性和预测能力的领导企业的价格进行调整，其他企业在此基础上再调整产品的价格 |

3）竞争性定价。为了追求更高的市场份额，体育组织和企业在采用竞争性定价策略时，可以根据特定的目标将其分类为掠夺性定价和限制性定价。掠夺性定价策略是企业为了将竞争对手从市场中挤出或迫使潜在的竞争者后退而选择的价格降低方法，而限制性定价策略则是企业将价格设定在一个既能带来经济利益又不会吸引新企业加入的水平上。这两者都属于长期的定价策略，但在实施定价策略的短时间内，盈利情况存在差异。

（2）广告行为。

广告活动是企业普遍实施的一种非基于价格的竞争策略，其主要目的是向消费者提供产品详情、展示产品的各项性能，并诱导他们进行购买。在体育用品业中，体育企业的广告活动表现得尤为突出。在我国的体育用品业中，广告行为是最常见的市场竞争行为之一。这是因为它可以直接增加工业市场的集中度。当所有竞争公司都参与广告活动时，公司之间的市场份额将随着广告活动的影响而变化，有助于突出体育产品和服务差异的广告活动，从而提高品牌知名度，增加其他公司进入市场的难度。

（3）兼并行为。

企业兼并行为指的是两家或更多的企业基于自愿原则，并根据法律条款，通过签订合同来合并为一个全新的企业，这是一种组织上的调整。企业合并主要分为三个类别：水平方向的合并（横向兼并）、垂直方向的合并（纵向兼并）以及综合形式的合并（混合兼并）（见表3-3）。

表3-3 体育企业兼并行为

| 兼并行为 | 兼并表现 | 示例 |
|---|---|---|
| 横向兼并 | 进行兼并的企业大多是属于同一产业、生产同一产品或处于同一加工工艺阶段，在体育产业内部多发 | 上海申花俱乐部和联城俱乐部的合并 |
| 纵向兼并 | 竞技体育经营业中比较普遍 | 体育器材和设施企业对体育俱乐部的兼并；较大俱乐部对体育用品零售业的兼并 |
| 混合兼并 | 不同产业、生产工艺上没有关联关系、产品完全不同的企业之间的兼并 | 俄罗斯财团、阿联酋财团等对欧洲足球俱乐部的兼并 |

在当前阶段，由于体育市场的成熟和体育企业并购行为的多样性，很难明确区分具体是哪一种类型的并购活动。

2. 体育市场协调行为

在体育市场中，竞争与合作构成了最根本的两类关系，它们共同体现为体育市场的整体协调。更具体地说，体育市场的协调行为主要分为价格协调和非价格协调两大类，下面将进行详细的分析：

（1）价格协调。

在体育组织或体育企业之间，关于他们提供的产品价格的决策问题，会进行相互磋商并采纳联合措施，这包括了卡特尔和价格领先制两种策略。

（2）非价格协调。

通过共谋或串谋的方式来达成目标，但这种共谋或串谋的核心内容并不是产品的定价，而是关于产品供应的具体时间、地点和规定等方面。比如说，国际奥委会与其他的体育机构针对体育赛事的举办时间和地点进行的深入讨论。

（三）体育市场绩效

体育市场绩效是反映体育市场运行的效率和资源配置优劣的重要指标。目前，主要从三个方面对体育市场绩效进行评价，分别是体育市场资源配置效率、体育产业规模结构效率、技术发展程度。

1. 体育市场资源配置效率

从经济学的角度来看，资源的配置效率反映了社会的整体效益或最大化的社会剩余，这可以被简洁地解释为社会福利的最大化。体育组织和企业追求的经营目标是最大化经济利润，因此，在评估体育市场资源配置效率时，应以社会福利的最大化为基本标准，并从以下四个方面进行评价：

（1）考察体育产业利润率：评估体育市场与完全竞争市场之间的偏差，并明确体育消费者所享受的福利与其最大福利之间存在的差异。

（2）考察市场集中度和进入壁垒的程度，判断市场竞争是否充分。

（3）考察政府对市场的干预程度。判断市场是否失灵，市场机制是否存在被扭曲的现象。

（4）考察消费者对体育产品的需求情况，判断出体育产业给体育消费者创造的社会福利与效用。

2. 体育产业规模结构效率

产业的规模结构效率也被称作产业组织中的技术效率。在体育产业中，由于体育资源分配的差异，其利用的效率也会有所不同。更具体地说，我们应该从三个不同的角度来评估体育资源的使用情况：

（1）经济规模的实现程度。

当我们评估经济规模的实现程度时，通常是通过达到或与经济规模相近的产出在总产量中所占的比重来进行的。然而，在实际的经济环境中，真正满足规模经济标准的公司是难以寻找的，例如那些在长期亏损的情况下仍未退出市场的非规模经济公司；许多大型企业的运营成本居高不下，且其经济规模呈现出过度的集中性；体育健身行业的公司规模较小，因此其运营的成本经常偏高；体育设施的运营能力经常超出需求。

（2）经济的结合及实现程度。

在体育行业里，企业的经济规模如何在纵向上得以实现，可以通过这些企业在各个生产阶段的产量所占的比例来体现。也就是说，体育产业的内部结构合理化应该体现在各个产业部门之间的比例是适当的。

（3）企业规模能力的利用程度。

目前，体育企业的规模和能力利用主要分为两大类：第一类是那些已经达到一定规模经济标准的大型体育产业公司，它们在设施使用上存在不足，而在生产能力上则过剩；第二类是在体育场馆经营或体育休闲健身行业中的某些企业，由于市场集中度不高，无法实现规模经济，导致设施闲置和资源浪费，从而使体育企业的利润率降低。

3. 技术发展程度

产业技术的进步可以从广义和狭义两个角度来理解，更具体地说，大规模工业技术包括促进经济增长的所有因素，但资本和劳动力投入除外。从严格意义上讲，工业技术涉及工业内部的创新、发明和技术转让。

从生产活动的视角出发，技术的进步被视为反映经济效率动态变化的关键指标，它也是评估市场表现的核心标准。因此，在市场经济环境下，技术的进步往往是通过经济增长带来的市场效应来体现的。这一现象在产业组织的各个方面，如生产结构和生产行为等，都表现出不同程度的特点。

企业在技术创新方面所投入的资源应确保其预期的边际收益与边际成本相等，这是评估技术进步和创新行为的核心准则。体育产业在技术创新和进步方面，确实需要一定的资金支持，但这种资金投入具有一定的风险性。具体来说，企业在技术创新方面的投资不一定能在短期内实现盈利，技术创新也不一定能为企业带来实际收益。由于技术进步和创新的不确定性，人们在事前很难预测其可能带来的后果。

## 第二节　我国体育产业组织的发展现状分析

在计划经济的背景下，我国的体育产业得到了政府财政的全额支持，其产业化水平相对较低。在市场经济的环境中，我国已经初步建立了一个相对完善的体育市场。体育产业的快速增长显示了市场结构的三个主要特征：首先，市场竞争异常激烈，这大大促进了中国体育产业的进步和经济增长。其次，体育产业在市场上的结构变化是逐渐且不平衡的。竞争始于沿海地区的私营体育公司，高度营销后，逐渐蔓延到所有类型的国有体育公司。从拥有巨大市场和相对较低门槛的体育用品、健身和娱乐等行业开始，我国逐渐进入体育媒体等领域。最后，中国体育产业市场结构的改善与产权改革和对外开放密切相关。

我国的体育产业涵盖了体育健身娱乐业、体育竞赛表演业、体育经纪业、体育用品制造业、体育信息传播业和体育金融保险业等多个领域。本文将重点从体育产业的三个主要分支行业出发，对其当前的发展状况进行简要的分析。

## 一、竞赛表演产业组织结构现状

职业竞技体育竞赛的表演市场具有很高的垄断性，这主要是因为这类产业的产品（体育竞赛、表演）是由职业竞技体育组织（例如协会、联合会）提供的，而这类市场没有新的参与者。

相较于国外，我国的竞赛表演市场起步较晚。20 世纪 90 年代，随着体育项目管理制度改革的逐步深化，中国市场表现竞争激烈。在我国良好的社会经济环境下，行业竞争和绩效发展迅速。

目前，足球、篮球、羽毛球、排球等体育赛事逐渐进入职业发展道路，导致商业竞争加剧，市场竞争持续蓬勃发展。各种专业体育赛事提供服务的竞争由每个体育协会提供。然而，我们必须明确，我国的竞赛表演行业在其组织架构和市场竞争中仍有一些明显的短板。

## 二、健身娱乐产业组织结构现状

健身和娱乐市场在我国的体育行业中是一个备受关注的焦点。目前，我国已经初步建立了一个包含多种产权实体和不同档次的体育服务产品的市场结构，这是一个典型的市场垄断竞争模式。

在我国的主要城市，例如北京和上海，各种独立运营的体育健身公司平均每家都有近 4000 平方米的健身场地。大多数由国家或集体拥有，其体育设施向外界开放经营，经营所得约占总收益的 80%。从多个维度如功能、级别和质量来看，这些企业和场馆所提供的健身、娱乐和体育服务产品各有不同，具体可以划分为以下几个不同的类别：

（1）银发健身市场：为中老年人提供体育锻炼、娱乐、健康、康复、咨询、医疗实践和其他服务。

（2）健身健美市场：为年轻人提供减肥、健身、体育锻炼等服务。

（3）体育技能培训市场：为儿童提供运动技能方面的培训和指导。

（4）高档健身娱乐市场：提供娱乐、健身和商业活动，如高尔夫和汽车俱乐部。

现阶段，我国的大型和中型城市中的体育健身和娱乐设施都有其独特的消费者群体，尽管前三种市场的规模较大，但它们的进入门槛相对较低，导致了激烈的市场竞争；后一种类型的市场虽然规模较小，但其进入的壁垒却相对较高，导致其竞争力相对较弱。

## 三、体育用品产业组织结构现状

中国体育用品行业起步较早，市场规模巨大，市场成熟度相对较高。目前，中国的体育用品制造商主要包括以下几类：各类球类器材、健身器材、娱乐设备、研究和测试设备、医疗保健产品、户外运动器材、裁判和教练的必需品等。

鉴于体育相关商品种类繁多，目前，中国体育用品市场总量已接近饱和，市场竞争异常激烈。尤其是在体育用品市场低端，竞争尤其激烈，相比之下，少数大型体育公司垄断了高端体育用品市场。

近年来，中国体育用品市场经历了激烈的竞争，这也导致了体育用品行业的许多领先公司（如李宁、康威、格威特和双星等）在产品类型、质量、技术能力和生产能力方面取得了快速进展。然而，与国外的知名企业相比，它们在市场竞争中仍有不足之处，因此受到了一定的冲击，它们的市场份额并不高，并呈现出逐渐下滑的态势。目前，我国的体育用品企业正面临发展的瓶颈，无论是在扩大规模、提高市场份额还是在实现技术创新方面，都面临着一些挑战。

从宏观角度来观察，体育产业的社会化进程和多样化的投资主体已经成为近年来体育产业发展的最突出特征。个体企业、私营企业、外资企业以及中外合资企业已经成为推动产业扩张的关键因素。与此同时，非国有的体育企业数量也在快速增长，特别是在一些发达的省份和城市，体育经营企业的数量更是呈现出倍数增长的趋势。我国的体育产业已经步入了一个高速增长的时期，但仍然面临许多挑战，我们仍需对体育产业的组织架构进行持续的优化和完善。

# 第三节 体育产业组织中相关问题的思考与探讨

## 一、体育产业组织中出现的问题

（一）主体产业竞争力不足

体育产业可以定义为生产体育相关产品和提供体育服务的各种企业或经济行为的集合。从当前的情况来看，在国际范围内，体育服务业已经成为一个相对成熟的体育行业，它是体育产业的重要组成部分，而其他行业，如体育竞赛、体育健身、体育用品等，为形成体育产业的综合生态系统提供了强有力的支持。

相比之下，中国的体育产业起步相对较晚，基础产业主要集中在体育用品和体育服务上，但从行业比例来看，中国的体育用品产业仍然占据主导地位。在一个国家，体育产业的竞争优势主要集中在基础产业上。

我国的体育用品业主要依赖于加工制造，但在品牌价值和技术优势方面存在明显的不足。尽管我国的体育用品在全球范围内已经展现出了显著的竞争优势，成为世界的主要制造中心，其中运动鞋的市场份额尤为突出，但在体育产业链的其他部分，我们仍然面临着严重的短缺。在全球市场中，我国体育用品出口主要集中在中低档层面，这是我国体育产品行业的显著特征。

体育赛事作为一种至关重要的体育比赛，近几年在我国得到了高度重视。体育赛事种类多样，资源丰富，级别和形式也各不相同，包括综合性赛事、单项职业联赛赛事和业余赛事等。

(二) 产业地区发展不平衡

由于受到多重因素的影响，我国的经济增长呈现出明显的不均衡性，这主要体现在东部沿海与西部内陆地区的经济增长不均，以及大都市与乡村之间的经济发展不均衡。这种不均衡在我国的体育产业发展上也有着显著的表现。

目前，在中国发达地区，体育产业的发展水平远高于落后地区，尤其是东部沿海地区，体育产业的发展水平远高于中西部地区。京津沪以及东南沿海的大都市是体育产业的主要集聚地。

## 二、体育产业组织良性发展的策略

（一）完善体育产业组织结构

从体育产业的定义来看，体育产业可以划分为产品和服务两大部分。在全球体育发展的背景下，体育服务在发达国家的体育产业中占据领先地位，而体育产品在整个体育产业中的产值比例正在逐渐下降。在国际体育产业高度发达的国家，体育产业发展水平高，占体育服务业的最大份额。然而，在我国，体育产业主要是以体育用品产业为核心，而体育服务性产业则相对处于次要地位。体育用品行业所占的份额相当大，而体育服务行业的发展则较为落后，体育产业的整体发展仍然相对单调。

面对这种情况，政府应当最大限度地利用其周边的资源，加大对体育产业的投资和支持力度，从体育健身休闲和体育场馆管理等多个方面出发，推动我国各地的体育服务业向前发展，以促进我国体育产业结构的持续优化。

（二）完善体育产业人才结构

在体育行业里，体育组织是一个不可缺少且广泛存在的部分，如果没有"组织"，就无法真正理解体育产业的本质。在体育组织的内部结构中，人才扮演着极为关键的角色，因此，优化体育产业的人才配置成为推动体育产业发展的核心任务。

目前，由于我国对体育产业的高度重视，体育产业已经取得了显著的进步，并逐渐成为我国国民经济中一个新的增长焦点。从根本上讲，体育产业的进步与人才的贡献是分不开的。体育产业的整体水平、增长速度和规模都与体育产业人才的数量和素质紧密相关，而体育产业人才管理的科学性和现代化程度将直接影响体育产业的整体发展。

从当前的情况来看，我国在体育人才的培养和组织结构上，过于重视体育技术人员而忽略了体育经营和管理的专业人才。在当前国际体育市场竞争日益加剧的大环境下，加强体育产业各种管理人才和专业人才的培养，并合理地分配这些人才以优化组织结构，变得尤为紧迫。这需要根据人力资源管理的实际情况和体育产业人力资源的独特性质，结合市场的基本规律，来构建一个科学和合理的体育产业人力资源管理体系。在高素质人才的引领下，不断增强体育企业在市场上的竞争实力。

（三）重视体育产业技术创新

体育产业的产品创新阶段不仅涵盖了实物产品的创新（例如新型体育器材的制造），还包括了服务产品的创新（例如新的体育娱乐项目的研发）。一旦竞争对手的创新取得成功，他们便会获得市场的垄断优势，而这种垄断所带来的利润增长可能会为企业的产品研发和设计提供更坚实的基础，从而进一步稳固其市场的垄断地位。受到垄断利润激励的影响，那些没有垄断地位的体育公司开始模仿垄断企业推出的新产品。这种趋势导致了产品创新技术的快速传播，从而极大地削减了创新者在市场上的垄断地位。为了重新发掘垄断的利润，创新者将创新焦点从产品设计创新转向了企业生产流程的再造。与产品创新相比，企业生产流程的创新更加隐蔽，很难在短时间内被模仿或超越。

无论是在产品技术方面的创新还是在产品生产流程上的创新，企业创新的核心目标始终是为了扩大其在市场中的份额并实现利润的最大化。因此，创新成为企业在体育市场竞争中持续发展和立足的基础。鉴于当前体育市场的竞争日益激烈，我国的体育企业也应持续关注技术创新，以增强我国体育企业的总体竞争力。具体而言，体育产业的技术创新应重点关注

以下几个关键领域:

（1）节约劳动力的技术创新，将劳动力从生产中解放出来，如利用网络订票要比现场售票节约很大一部分劳动力。

（2）节约资本的技术创新，重视资本的整合运用，例如，建设多功能体育场馆，使原先需要两个功能独立的场馆才能完成的比赛，而如今一个场馆就可以胜任。

（3）提高效率或质量的技术创新，这种创新既不偏重节约劳动力，也不偏重节约资本，而只注重提高效率或质量这一结果。

（四）重视体育产业相关产业互动

为了持续推动我国体育产业组织朝着更加合理和科学的方向发展，有必要学习外国大城市的成功经验，专注于发展基础体育产业，以促进东方体育和外围产业。在推动体育产业的成长过程中，我们应该不断地积累和丰富赛事的经验，高效地利用体育资源，并通过体育赛事来促进旅游、会展等其他产业的发展。

另外，通过推动体育的中间和外围产业的发展，可以有效地加速体育核心产业的成长。比如说，在文化创意产业中，传媒产业的壮大有助于进一步优化体育产业链，并通过充分利用媒体在体育方面的积极推动作用来促进体育产业的发展。

# 第四章　体育消费的基础阐述

## 第一节　体育消费的内涵与特点

### 一、体育消费的含义

#### （一）消费的一般含义

消费是人类经济社会的重要组成部分，存在于人类社会的各个角落。正如《马克思恩格斯全集》中所言，"人从出生起无时无刻不在消费，无论是在他开始生产以前，还是在生产期间，都是一样的"。

从经济学的视角来看，消费主要分为两大类：生产消费和生活消费。在生产消费方面，主要分为两大类：一是物质生产过程中原材料和燃料的消耗，二是生产工具的磨损过程。在物质生产的过程中，劳动者需要支付脑力和体力的费用。生活消费主要描述的是人们在消费过程中所产生的各种生活必需品，如物质和精神上的消费品。

当我们谈论消费时，主要是指个人在日常生活中的消费行为。由于个人的生活消费行为受到多种因素的影响，因此每个人展现的消费模式都存在差异。通常情况下，人们的消费习惯主要是基于满足以下三个需求：对生活的需求、对发展的需求以及对享受的需求。

（二）体育消费的含义

体育消费这一概念可以从狭义和广义两个角度来理解。从狭义的角度来看，体育消费主要涉及人们在体育活动上的花费，这不仅包括直接参与体育活动如健身俱乐部的费用，还涵盖了间接参与体育活动如观看体育比赛的费用。从广义的角度来看，体育消费主要涉及与体育活动有直接或间接联系的个人消费习惯。比如说，观看体育赛事所需支付的各种费用，包括交通费和住宿费等。

## 二、体育消费的地位

（一）体育消费在社会消费结构中的地位

依据马克思主义的相关观点，社会消费结构主要涵盖了三个核心方面：生存性消费、发展性消费和享受性消费。

1. 生存性消费

生存性消费被视为最基础的消费形式，它是为了满足人们的基本生活需求而进行的，主要涵盖了物质性的消费。然而，体育消费的非迫切性使其在生存性消费阶段的地位相对较低。

2. 发展性消费

发展性消费是在满足人们基础生活需求的前提下产生的，属于更高级别的消费行为。这种消费需求是人们为了追求更优质和更高层次的发展而产生的。体育消费因其能满足人们更高层次的发展需求而受到广泛的欢迎，因此在发展消费的各个阶段，体育消费具有不可忽视的重要性。

3. 享受性消费

享受性消费被视为最高级的消费形式，随着经济持续增长和人们收入水平的逐步提升，人们对精神消费的关注也日益增加。在这个时期，体育消费不仅是丰富人们精神生活的一种方式，而且还是个人休闲消费的一个重要组成部分，同时也在社会消费结构中占据了重要的位置。

（二）体育消费在居民生活消费中的地位

体育消费是社会生产能力达到一定水平后的结果，它是基于人们基本生活需求的满足而产生的。在居民的日常生活消费中，体育消费起到了不可或缺的作用，它不仅能满足人们对体育文化不断增长的需求，而且还能提升人们的身体和心理健康，同时也丰富了人们的精神世界。除此之外，体育消费也能在某种程度上体现出社会经济的发展程度和人们的生活质量。在居民的日常生活消费中，体育消费的重要性主要体现在其不可或缺的角色上。体育消费不仅具有娱乐和消遣的功能，还有助于身体锻炼，因此它是人们生活中不可或缺的重要组成部分。

## 三、体育消费的性质与特点

（一）社会主义体育消费是文明、健康、科学的消费

由于社会主义体育消费遵循科学社会主义的人生观和价值观，这不仅有助于人们在休闲和娱乐活动中实现身心的全面和谐发展，同时也促进了人们在德、智、体、美、劳各方面的全面成长，最终在整个社会中形成了

一种文明、健康和科学的消费习惯。

（二）体育消费增长与经济增长的互助性

体育消费的增长与经济增长之间的相互促进关系可以从两个角度来看：首先，体育消费的上升有助于扩大体育产业的规模，进一步促进体育产业的壮大，从而为社会经济的持续发展注入新的活力；其次，社会经济的持续增长为体育产业的壮大提供了关键的经济支撑。随着人们收入的增长，他们对体育产品的需求也随之扩大，这进一步促进了体育消费的上升。

（三）体育消费需求弹性小

依据马斯洛的需求层次理论，体育消费被视为发展和享受资料的消费，从人类需求的紧迫性来看，体育消费并不是人类生活中不可或缺的需求。因此，与生存的需求相比，体育消费的需求弹性显得较为有限。

（四）体育消费项目流行周期短

通常，体育消费项目的流行周期大约是四年，这是一个相对较短的时期。在体育消费项目流行的时候，人们对其的需求通常会相对较高；随着流行期的结束，人们对该体育消费项目的需求将会显著减少，直到该体育消费项目因失去竞争力而退出体育市场。

（五）体育消费具有不均衡性

由于经济发展水平的限制，各个地区在体育消费方面存在着显著的不平衡现象。以中国为背景，东部沿海地带的经济增长迅速，同时当地居民的体育消费水平也相对较高；然而，在西部的边远地区，经济发展水平相对较低，导致当地居民在体育方面的消费几乎为零。即便在相同的地理区域内，人们在体育消费方面也表现出明显的不均衡性。例如，可支配收入较高的消费者更倾向于参与如高尔夫球这样的高端体育活动，而那些可支配收入一般的消费者则更倾向于选择价格相对较低的体育项目。

（六）体育消费具有一定的盲目性

体育消费呈现出一定程度的盲目性，这种盲目性主要是由体育服务产品的无形特性所决定的。当人们决定购买实物商品时，他们可以采用观察、触摸等多种方法来进行商品的初步评估和鉴定，然后再决定是否要购买。由于体育服务产品的无形特性，人们在实际消费前很难对其进行深入的感知和体验，这在某种程度上导致了体育消费的盲目性。

（七）体育消费具有文明的进步性

体育消费不仅可以体现一个民族的精神，还具有巨大的文明和进步潜力。体育消费的文明进步主要体现在三个方面：首先，体育消费不仅可以提升人们的身体素质，还可以帮助提升人们的心理素质；其次，体育消费已经演变为一种创新的社交方式，它不仅加强了人与人之间的互动，还对社会的精神文明建设起到了积极的推动作用；最后，体育消费不仅可以满足人们对身心修养的需求，同时也能提升人们的身心素质，从而有助于培养一种更加科学和文明的生活习惯。

# 第二节　体育消费的效用与态度

从经济学的视角深入探讨现代体育消费，我们必须基于一个核心假设，那就是当人们进行体育消费活动时，他们更倾向于选择他们视为最有价值的体育产品。当经济学家研究消费时，他们往往从"效用"这一核心概念开始，进而推导出消费者的需求曲线，并在此基础上深入分析和研究消费行为。因此，本书主要从体育的实用性和相关理念出发，深入探讨现代体育消费的效益和态度。

## 一、体育消费的效用与相关概念

（一）体育消费的效用

体育消费的效用是指消费者在购买体育商品时所感受到的满足感。因此，在消费的实用性中，存在一种心理倾向，那就是消费者更倾向于选择那些能让他们感到满意和快乐的商品和服务，而选择性地避免那些可能让他们感到失望和痛苦的商品和服务。基于此，我们能够评估某一商品或服务是否对消费者产生了实际效用，以及这种效用的具体程度。

（二）体育消费的无差异曲线

按照经济学的无差异曲线定义，体育消费的无差异曲线是指那些能为体育消费者带来相同效用的不同体育商品组合的曲线。

体育消费的无差异曲线展现出三个显著的特点：

首先，体育消费的无差异曲线表现为一个向右和下方倾斜的趋势，其斜率呈现为负数。换句话说，在收入和价格保持不变的前提下，为了确保体育消费者能够维持其最初的效用水平，并增加一种体育商品的消费量，就有必要减少另一种体育商品的消费。这两种体育商品不能同时减少或同时增加。

其次，在相同的平面上，可能会出现许多无差异的曲线，而这些不同的无差异曲线反映了体育消费者的不同满意度。与原点的距离越远，人们的满意度也就越高。

最后，在同一平面上，任何两条无差异的曲线都不相交。如果其中两条曲线相交，那么这意味着这两条无差异曲线的交点上体育消费者的满意度是一致的。

## 二、体育消费者预算约束

体育消费的无差异曲线揭示了各种体育商品组合对消费者满意度的影响，这也反映了体育消费者对不同体育商品组合的喜好程度。然而，无差异曲线是在忽略收入和价格波动的情况下绘制出来的，因此它无法全面解释体育消费者的各种行为模式。体育消费者在追求最大效用的过程中，会努力使他们的体育消费保持在与原心距离最远的无差异曲线上。但实际上，他们的消费行为会受到时间、金钱、体力和收入等多种客观因素的制约，这在经济学中被称为预算约束。

基于经济学中的预算限制，如果一个体育爱好者同时对足球比赛和健美操书籍有兴趣，那么我们可以为这位体育爱好者画出一个预算限制图。

## 三、体育消费者选择

体育消费者所做的选择反映了他们的消费态度。通过将无差异曲线与预算约束线相结合，我们能够对体育消费者持有的态度进行更为深刻的分析。

综合来看，体育消费者的喜好可以通过无差异曲线来展现，但在选择体育消费者时，我们需要结合无差异曲线和预算约束曲线进行深入分析。如果我们能获取大量关于体育消费者在价格和收入波动时所作选择的信息，那么我们就有可能准确地判断出他们的偏好。

# 第三节　体育消费的水平与行为

## 一、体育消费水平

（一）体育消费水平的含义

体育消费水平的平均消费量由特定人群的数据决定，这些数据可以用货币单位或单位价值来表示。体育消费水平反映了人们在现实中购买的体育消费品的数量和质量，它揭示了人们在一定时期内对体育消费的实际满意度。

（二）体育消费水平的影响因素

从全球的角度来观察，经济较为发达的国家在体育方面的社会化水平往往更高，人们对体育的认知也更为深入，这导致他们在体育消费上相对于发展中国家和经济较为落后的国家有着更高的水平。无论是发展中的国家还是经济较为落后的国家，他们在体育的社会化程度和公众的体育观念上都不如经济发达的国家，而在体育消费方面则显得较为落后。

体育消费领域在某一特定时期的拓展和发展不仅受到当时社会经济进步的影响，同时也不可避免地会受到社会文化环境以及消费者消费观念和消费方式的制约。体育的消费水平与社会生产力的发展程度紧密相关，同时也与当时的社会经济状况和体育的社会化水平有着直接的联系。下面，我们将详细分析影响体育消费水平高低的关键因素。

1. 社会经济发展状况

体育消费既是一种发展性的消费，也是一种享受性的消费，它属于中高水平的消费。只有当人们的收入足够支付基本生活费用并且有剩余时，体育消费才能得到一定程度的发展。因此，只有当经济达到某个发展阶段，国民的收入增加到一定水平，人们的可支配收入才会增加，体育的消费水平才会得到有效的提高。在大多数情况下，经济发达的国家在体育消费上的水平往往超过了发展中国家和经济较为落后的国家。

2. 体育社会化程度

在体育社会化程度较高、全民体育意识较强的国家，参与体育活动的人数也相对较多，这也导致了整体体育消费水平相对较高。然而，在我国，经常参与体育锻炼的人群在总人口中所占的比例依然较低，体育的社会化水平也不是很高。

显然，除了社会经济的发展水平外，体育的社会化程度较低也是影响体育消费水平的一个关键因素。在最近的几年中，伴随着"体育强国"策略的推进和大众体育的日益繁荣，我国的体育参与人数持续上升，体育的社会化水平也在稳步提高。全民对体育的认识也在不断加强，预计在经济快速增长和体育社会化水平持续提高的大背景下，我国的体育消费水平将迎来新的飞跃。

（三）体育消费水平的衡量指标

评估体育消费水平的定量指标主要包括体育消费价值总量、体育实物消费资料的消耗总量、体育服务消费资料的消费总量和闲暇时间用于体育消费的时间总量等相关指标，下面对这些指标进行详细分析。

1. 体育消费价值总量

体育消费总量是指体育消费者在一定时期内使用的货币总值。体育消费总量实际上是对特定时期社会消费水平的综合评估，因此被认为是一个综合指标。

2. 体育实物消费资料的消费总量

体育实物消费资料的总消费量，是指在特定时间段内，体育消费者所购买的体育实物消费资料的总数量。

体育用品的总消费量可以用许多体育消费品来表示，也可以用价值单位（货币）来表示。考虑到有许多不同类型的材料消耗品，每种类型的材料在物理性能、形状和价值上都不同，很难准确计算运动材料消耗品的总消耗量，因此，我们通常使用代表体育用品总消费量的单位价值（货币）。

体育实物消费资料的总消费量作为衡量体育消费水平的主要指标，具有两个主要方面的影响。一方面，体育实物消费资料的总消费量能有效地展示出社会在特定时间段内对体育实物消费资料的实际需求状况；另一方面，体育实物消费资料的总消费量也能在某种程度上揭示体育相关产业在特定时间段内的生产和有效供应状况。

3. 体育服务消费资料的消费总量

体育用品消费总量是指消费者在特定时间段内购买的体育用品消费总量。在社会主义市场经济的背景下，体育服务的材料消费主要以商品的形式出现。随着体育商品和服务消费量的增加，我们还可以使用代表体育商品和服务消费总量的单位价值（货币）。

体育服务消费资料的总消费量作为衡量体育消费水平的主要指标，具有三个方面的重要性：首先，体育服务消费资料的总消费量能有效地反映出体育服务消费资料在市场上的供需状况；其次，通过体育服务消费资料的总消费量，我们可以在某种程度上了解体育产业部门的生产现状；最后，体育服务的消费总量可以有效地展示大众体育在整个社会中的普及水平。

4. 闲暇时间用于体育消费的时间总量

闲暇时间是指人们从事日常工作、做必要的家务、教育儿童等活动、购买消费品、学习、社交、娱乐、体育等免费活动。人们的闲暇时间取决于他们所生活的社会生产力的发展程度。通常，随着技术和社会生产力的进步，人们有更多的空闲时间。

闲暇时间不仅是人们进行各类休闲消费的关键因素，同时也构成了体育活动消费的基础条件。因此，我们有可能将体育消费的闲暇时间的总时长作为一个量化的评价标准，以便对体育消费的整体水平进行全面的评估和衡量。

5. 其他指标

除了上述的评价标准，体育消费水平还可以通过年龄（如老年、中年、青年、青少年、儿童）、职业（如工人、农民、军人、干部、教师等）、教育背景（如大学、中专、高中、初中、小学等）、所在地区的环境和家庭的经济状况来进行评估。

## 二、体育消费行为

体育消费行为出现的基础条件是，体育消费者对体育活动的功能性价值有一定程度的认识和理解。基于上述观点，我们可以把体育消费行为描述为：人们为了满足自己的需求和欲望，在选择、购买和评估体育产品时所展现的心理和实际行为。

体育消费行为是社会进步到某一特定阶段后的自然结果。它的出现和成长既需要满足人们物质需求，同时也要求体育在社会中得到更广泛的接受和普及。在经济学的研究领域中，有众多学者对消费行为进行了深入探讨。这些学者从各自的角度出发，构建了独特的理论框架。其中，霍华德—谢思的消费行为模式和恩格尔等的EKB模式是比较知名的。下面，我们将利用这两种模型对体育消费行为进行详细的分析。

（一）霍华德—谢思的消费行为模式

霍华德—谢思的消费行为模式是由学者霍华德首次提出的，并且这一模式首次被提出是在1963年。1969年，霍华德与谢思共同对霍华德—谢思的消费习惯进行了修订，从而正式确立了他们的消费模式。接下来，我们将通过分析霍华德—谢思的消费行为模式中的四个主要因素，来深入探讨体育消费行为。

1. 刺激或投入因素

所谓的刺激或投入因素，也就是输入变量，是指销售部门所控制的各种因素，这主要涵盖了产品的实质性刺激、产品的符号刺激以及社会层面的刺激三大类。在体育消费领域，产品的实质性刺激要素主要涉及体育产品的品质、定价和独特性质等方面；所谓的产品符号刺激因素，主要是指那些通过销售人员、广告或媒体等手段，向消费者展示和传播的体育产品的独特性质；影响体育消费行为的社会层面的刺激因素主要涵盖了家庭、相关的社群以及社会的各个层次。

2. 外在因素

所谓的外在因素，即外部变量，是指消费文化、个人、财务和其他外部因素的决策过程。影响消费者在体育运动中行为的外部因素主要包括相关类别、社会地位、时间压力、体育产品选择等。

3. 内在因素

所谓的内在因素，即内部过程，是指在刺激、输入、反应或生产因素中发挥作用的因素。在体育消费活动中，消费者对信息的需求和反应敏感性将影响对刺激或输入的接受。同时，消费者购买和"学习"结果的愿望也会对敏锐的信息反应产生一些影响。当体育消费者遇到自己感兴趣的体育产品时，他们通常会表现出"认知觉醒"，然而，当面对自己不感兴趣的运动产品时，他们会表现出"认知防御"。消费者偏好和体育选择通常受到"裁决规则"的限制。换言之，体育消费者将根据某些因素选择和购买不同类型的体育产品，例如购买动机、紧迫性、满意度预期、过去消费体育产品的感觉，从而做出有针对性的购买决策。

4. 反应或产出因素

所谓的反应或产出因素，也就是结果变量，是指在购买决策过程中触发的购买行为，它可以分为三个主要阶段：认知反应阶段、情感反应阶段以及行为反应阶段。在体育消费活动中，所谓的认知反应是指体育消费者对于体育产品的关注和了解；情感反应描述了对消费者满足运动需求能力的相对评估；行为反应涉及体育消费者对于购买或购买特定体育产品的认知水平，以及他们的公开购买决策。

（二）恩格尔等的 EKB 模式

恩格尔等提出的 EKB 模式是消费者行为研究领域中一个相对明确和完善的理论框架，该模型最初在 1968 年被提出，并在 1984 年进行了修订。该模型由中央控制系统、信息处理、决策过程和环境组成。

EKB 模式的核心思想是从购买决策的角度来分析消费行为，而基于这一模式的相关思想，体育消费行为也可以从体育消费者的购买决策流程中进行深入探讨。

体育消费者的购买决策过程是指体育消费者态度的形成过程，主要包括认识需求、收集信息、方案评估、购买决策、购后行为这五个阶段。认识需求，也就是体育消费的观点，构成了体育消费行为的核心驱动力，这主要涉及体育消费行为的目标和驱动因素。所谓的收集信息，是指那些促使体育消费者进行消费行为的体育消费信息的传递、传播和收集。体育消费者能够收集到的体育消费信息主要来源于体育消费者的个人资源，以及外部的营销资源和实验资源。方案评估也称为选择判断，是指体育消费者在获取了一定量的体育消费信息后，对体育消费对象的质量、价格、属性等方面进行的比较和评估。购买决策描述的是体育消费者进行购买决策的整个流程。所谓的购后行为，是指体育消费者在做出购买决策后的感受，以及他们再次购买时的态度和行为。

## 第四节　体育产品市场

伴随着经济增长和社会进步，人们的经济状况明显改善，生活品质也实现了质的飞跃，因此，大家开始更加注重提升身体素质。在当前的社会环境下，人们参与体育活动的次数明显增加，对体育产品的需求也在不断上升。因此，为了满足人民对体育日益增长的需求，有必要大力推动体育产品市场的发展和体育产业的壮大。

### 一、体育产品的概念与内容

（一）体育产品的概念

体育产品不仅是体育产业的核心组成部分，也是体育市场活动的根基，它们主要集中在第三产业，并以提供各种服务为主导。根据现代体育经济学的观点，体育产品主要是体育市场上用来满足消费者需求的物品，主要分为实物型的体育产品和体育服务产品两大类。

（二）体育产品的内容

体育产品主要包括四个方面的内容：体育竞赛和体育表演、健身服务、娱乐享受、培训服务。

体育竞赛和体育表演，主要是指在特定的比赛场地上，由专业的体育人员（如运动员、教练等）为消费者提供具有观赏价值的体育服务，以满足消费者对多种体育活动的需求。

健身服务，主要是指健身俱乐部和健美中心等机构向市场供应相关的体育产品，旨在满足消费者对健身和身体健康的需求。

娱乐享受，主要涉及由保龄球馆和高尔夫球场等场所向市场供应相关的体育产品，以满足消费者在休闲和娱乐方面的体育需求。

培训服务，主要目的是通过各种培训课程（如游泳、健美操、武术等）为体育市场提供教育和培训服务，以帮助消费者更好地掌握体育相关的知识和技巧。

## 二、体育产品的经济学特征

（一）私人产品和公共产品的兼有性

1. 私人产品

所谓的特殊产品，主要是指公用事业、消费和公用事业中可分割且独家的商品。个人产品的消费主要基于购买行为，其价格与市场供求密切相关。体育用品也有一定的特殊性，例如在健身俱乐部，当消费者使用健身设备时，不可避免地会减少其他消费者对设备的消耗，从这个角度来看，健身设备具有特殊的产品特点。

2. 公共产品

公共产品呈现出非竞争性和非排他性的特质。其中，非竞争性主要体现在产品发布之后，尽管消费者数量有所增加，但这并不意味着其他消费者对该产品的购买和使用意愿会有所下降；非排他性主要意味着不能强行将某个消费者排除在某一产品的消费范围之外。体育产品具有公共产品的特性。

（二）满足人们的高层次需求性

依据马斯洛的需求层次理论，当人们的基础生活需求得到满足后，他们会开始追求更高级别的需求。伴随着我国经济的飞速增长，民众的生活品质得到了显著的提升，他们的可支配收入也有了明显的增长，对于体育锻炼的重视程度日益加强，同时对体育产品的消费需求也持续上升。体育产品，作为一种高端的消费商品，不仅为大众提供了休闲娱乐和强身健体的服务，同时也在某种程度上满足了人们对于更高层次生活需求的追求。

（三）生产要素替代弹性的特殊性

体育产品的生产要素替代弹性具有两个显著特点：首先，某些生产要素的替代弹性几乎为零；其次，某些生产要素的替代弹性相对较大。

1. 生产要素的替代弹性几乎为零

体育产品的正常生产活动取决于不同类型生产要素的投入。由于这些因素都具有独特的特征，或者这些因素的组合非常恒定，因此无法随机调整。在这种情况下，体育产品生产要素的替代几乎为零。

2. 某些生产要素的替代弹性相对较大

在制作体育产品的过程中，我们可以对某些生产元素进行适当的更换，以实现最大的收益。例如，当人们希望进行体育活动，但又觉得高级健身中心的开销过高时，他们可以考虑在公众场合进行锻炼。

## 三、体育产品的价值和使用价值

### （一）体育产品的价值

体育产品的价值与普通产品的价值是一致的，都是商品中体现的一致的人类劳动成果。然而，从确定体育产品价值的视角来看，体育产品的价值具有独特性，这主要体现在以下三个方面：

1. 体育产品价值的确定以质量为标准

体育产品的核心价值在于其所提供的体育服务，而这些服务的品质直接决定了体育产品价值的体现。因此，当体育服务的设备和条件达到一致时，提供高品质的体育服务能更好地确保体育产品的价值得以体现。另外，体育产品的质量和价值不仅与运动员的训练水平有关，还与他们的职业道德等方面密切相关。

2. 体育产品价值的确定具有垄断性

体育资源构成了体育产品的核心部分，而体育资源的种类和独特性使得体育产品在价值评估上呈现出显著的不同。例如，像奥运会和世锦赛这样的国际体育赛事，它们都具有独特性质的体育产品，而这些体育产品的实际价值是难以量化的。

3. 体育产品的价值随体育产品水平与规格的变化而变化

体育产品的价值并不是固定不变的，它会随着体育产品的质量和规格的改变而发生变化。体育比赛的质量越高、竞争越激烈，体育产品的价值也就越高；反之，体育产品的实际价值可能会降低。

（二）体育产品的使用价值

商品的使用价值主要体现在其能够满足人们特定需求的特性上，而体育产品则因其多功能性而具有显著的使用价值。

1. 使用价值的多效用性

与普通物质产品相比，体育产品的多效用性主要体现在两个方面：一方面，体育产品能够满足消费者的物质需求；另一方面，体育相关产品能更好地满足消费者的心理需求。

2. 使用价值的多功能性

体育产品的多功能性使用价值主要体现在，无论这些产品属于哪个级别，它们的使用性都是全面的，并能在某种程度上满足各种消费层次的消费者对体育的需求。

# 第五章 体育消费行为的多维度分析

## 第一节 体育消费行为的社会学分析

社会学这一学科专注于探讨社会行为与人类社群之间的关系，涵盖了微观层面上的社会行为和人与人之间的互动，以及宏观层面上的社会结构和系统。从一定角度来看，体育消费可以被视为一种社会行为。因此，本部分基于社会学的理论，从微观（如家庭）和宏观（如社会环境）两个角度出发，对消费者在体育消费上的行为进行了深入探讨。

### 一、家庭与体育消费行为

家庭是一个由婚姻、血缘或收养三种关系所构成的家庭生活结构。人们经常将家庭视为社会的基本单位，它是组成人类社会最基本的单元。家中的每一个成员都住在同一个屋檐下，一同参与生产与消费活动。在体育消费方面，很多时候个体的消费行为都与家庭紧密相连，因此，从家庭的视角来研究体育消费行为是非常必要的。根据家庭的经济状况，我们可以把家庭划分为富裕家庭、小康家庭以及低收入家庭三个类别。

（一）富裕家庭与体育消费行为

富裕家庭的总体收入高，该类家庭的体育消费行为可从如下两个方面进行分析。

1. 富裕家庭的体育消费结构

在富裕家庭中，体育消费主要分为三大类：体育信息的消费、体育劳务的消费以及体育实物的消费。体育信息消费主要是指用于观赏体育赛事的费用，例如购买体育赛事的门票，有时为了观赏高水平的体育赛事，他们会跨地区，甚至出国，尽管差旅费用可能会高于体育赛事门票的费用。体育劳务消费主要是指参与体育活动的消费，例如体育旅游、参与健身俱乐部等，其主要目的是为了丰富生活。体育实物消费主要是指用于购置与体育运动有关的实物物品，例如购置运动服装、运动装备等。对于经济条件较好的家庭而言，尽管价格也是一个考量因素，但兴趣和质量则是更为关键的考量点。

2. 富裕家庭的体育消费心理

从马斯洛的需求层次理论来看，当基础需求得到满足后，人们往往会产生更高级别的需求。对于经济条件较好的家庭而言，他们的基础需求已经得到了充分的满足，因此，他们倾向于追求更丰富的业余生活或满足自己的兴趣和爱好，这也构成了这类家庭在体育消费上的一个关键心理动因。除此之外，在工作压力巨大的情况下，他们也需要找到一些方式来放松身心和减轻压力。体育运动无疑是一个很好的选择，因此他们更倾向于在体育活动上消费。

（二）小康家庭与体育消费行为

相对于其他家庭，小康家庭的收入普遍偏高。这种类型的家庭在体育消费上的行为，可以从以下两个维度进行深入探讨。

1. 小康家庭的体育消费结构

小康家庭在体育方面的消费主要集中在体育劳务和体育实物的消费上。体育劳务消费，作为一种能够丰富人们日常生活的方式，许多经济较好的家庭都会选择参与，但他们往往会确保消费金额在一个可接受的范围之内。在考虑体育实物的消费时，价格成为这类家庭的一个主要考量因素，但他们也会同时考虑到个人的兴趣和质量等其他因素。关于体育信息的消费，尽管在这类家庭里也存在，但由于其成本相对较高，因此并没有占据主导地位。

2. 小康家庭的体育消费心理

对于小康家庭来说，他们的体育消费观念相当积极。他们坚信，适当的体育活动是必不可少的，因为体育不仅可以满足身体锻炼的需要，还能有效地减轻心理负担。因此，在体育活动上，小康家庭也会做出相应的投资。

（三）低收入家庭与体育消费行为

低收入家庭的收入普遍偏低，这类家庭在体育消费上的行为可以从以下两个维度进行深入探讨。

1. 低收入家庭的体育消费结构

低收入家庭的主要消费来源是体育相关的实物。鉴于低收入家庭的总收入相对较低，他们在体育劳务和体育信息等领域的消费相对较少。他们的消费主要集中在必需的体育装备和体育服装等实物上，而在购买这些实物时，价格成为他们的首要考量因素。

2. 低收入家庭的体育消费心理

尽管低收入家庭在体育消费观念上普遍持消极态度，但实际上许多家庭已经意识到了体育活动的重要性。然而，由于家庭总收入相对较低，导致他们在体育消费方面表现得相对消极。显然，对于某些关键的体育器材，例如羽毛球和乒乓球，许多家庭都有购买的意愿。

## 二、社会环境与体育消费行为

社会环境对人们的消费行为有着显著的影响，它包含了丰富的元素，从整体上看，可以总结为政治环境、经济环境和文化环境。

### （一）政治环境与体育消费行为

在政治背景下，我们可以从国家的总体策略和特定的法律法规两个维度进行深入思考。国家的宏观政策从一个更高的视角来指导体育消费，而具体的法律和法规则为体育消费提供了必要的保障，这两方面共同影响着社会大众的体育消费行为。

1. 国家宏观政策

体育运动不仅是社会进步和人类发展的里程碑，也是展示整体实力和软实力的关键指标。为了加强国家对健身活动的参与，促进体育产业的可持续发展，国家发布了一系列相关政策（见表5-1）。

表 5-1　关于体育产业的宏观政策

| 时间 | 政策名称 | 核心内容 |
|---|---|---|
| 2014 年 | 《关于加快发展体育产业促进体育消费的若干意见》 | 在市场资源配置中发挥充分的决定性作用，并在政府中发挥更好的作用，加快市场有效竞争格局的形成，积极扩大体育产品和服务的供应，推动体育产业成为经济转型的重要力量，提高团队运动和竞技体育的全面发展水平，加快建设一个强大的体育国家，不断满足人们对体育日益增长的需求 |
| 2016 年 | 《体育产业发展"十三五"规划》 | 优化市场环境、培育多元主体、提升产业能级、扩大社会供给和引导体育消费 |
| 2019 年 | 《关于促进全民健身和体育消费推动体育产业高质量发展的意见》 | 加强体育产业的安全要素，激发市场活力和消费热情。推动体育产业成为国民经济中的重点产业，积极开展国家健身活动，使人们经常参与体育锻炼 |
| 2020 年 | 促进体育试点工作 | 通过确定一批试点城市，推动体育消费机制创新、政策创新、模式创新、产品创新，形成若干可复制推广的典型经验，以点带面，促进我国体育消费规模持续增长、消费结构不断升级，为稳就业、稳增长、促消费、惠民生做出积极贡献 |

在国家的宏观经济政策引导之下，我国的体育产业呈现出旺盛的发展势头。社会大众对体育事业的发展、参与体育活动和体育消费的热情都有所上升。然而，要达到全民健身的目标，我们仍需付出更多的努力和时间。

2. 具体的法律法规

所谓的法律法规，是指中华人民共和国目前有效的各类法律、行政法规、司法解释、地方法规、地方规章、部门规章以及其他规范性文件，还包括对这些法律法规的定期修订和补充。所有的法律和法规都有能力确保社会公民的权益不受侵犯。

（二）经济环境与体育消费行为

作为社会再生产过程中的核心环节，消费对整体宏观经济环境具有显著的影响力，反之，宏观经济环境也会对社会消费行为产生相应的影响。

（三）文化环境与体育消费行为

文化环境是一种由多种文化因素共同作用而形成的社会氛围，它有可能对社会大众的消费习惯产生长远和深刻的影响。

# 第二节　体育消费行为的文化学分析

人们在社会环境中的生活受到多种因素的作用，体育消费行为作为社会行为的一部分，无疑也会受到社会环境中的各种因素的影响，其中，文化因素是一个非常重要的因素。根据文化的种类差异，我们把文化划分为传统文化和现代文化两大类，而对现代文化则是从现代体育文化和现代网络文化两个不同的视角进行探讨。

## 一、传统文化对消费者体育消费行为的影响

我国是全球唯一一个在文化体系上持续发展且从未中断过的国家。尽管我们已经步入了现代社会，传统文化依然构成了我国文化的基础，并对居住在这片土地上的每一个人产生了深远的影响。在体育消费行为方面，传统文化所带来的影响主要集中在以下几个关键领域：

### （一）勤俭节约

勤俭节约是中华民族的传统美德，这一美德的形成有着深厚的文化基础。《尚书·大禹谟》中有"克勤于邦，克俭于家"；《周易》中有"君子以俭德辟难"；《左传·庄公二十四年》中有"俭，德之共也；侈，恶之大也"。如今，随着我国经济的持续增长和人民生活水平的显著提升，节俭的美德已经深深地融入了人们的生活中。在体育消费方面，这种美德体现为收支平衡，反对任何形式的奢侈和浪费。这一观念与鼓励体育消费的思想

并不冲突，因为节俭并不意味着不进行消费，而是要有节制地消费，避免过度消费和资源浪费，这实际上更有助于体育产业的健康成长。

（二）诚信为本

在我国的传统文化背景下，诚信被赋予了至关重要的角色，古代的智者也高度重视培养诚信的品质，如孔子的"言必诚信，行必忠正"，墨子的"言不信者行不果"，老子的"轻诺必寡信，多易必多难"，等等。受到诚信文化的深刻影响，我国的社会大众在众多消费活动中，包括体育消费，都高度重视商家的诚信度。如果商家能够保持良好的信誉和信用，那么消费者对这些商家的信任度也会大大提高。因此在进行体育消费时，他们更倾向于优先选择这些商家。

（三）修身内圣

《礼记·大学》中有"身修而后家齐，家齐而后国治"之说，这句话的含义是：只有经过良好的品质培养，我们才能有效地管理家庭和家族，并且只有管理好家庭和家族，国家才能得到良好的治理。其中，个人修养是以自我为中心的。儒家主张达到"内圣"的境界，意味着要持续地进行自我完善，以达到实现个人内在价值的目的。很明显，体育锻炼是一种促进个人成长的方式。通过参与体育活动，人们不仅可以增强身体健康，还能培养个人品格。因此，在经济状况允许的前提下，许多人都倾向于进行体育消费，以实现个人的成长和提升。

## 二、现代文化对消费者体育消费行为的影响

（一）现代体育文化对消费者体育消费行为的影响

现代体育文化是由物质文化元素、精神文化元素和制度文化元素三个

方面组成的，因此，分析现代体育文化对消费者体育消费行为的影响，主要从以下三方面进行：

1. 体育物质文化对消费者体育消费行为的影响

体育物质文化可以定义为以体育活动为目标或在体育活动中所采用的各种活动方式和物质形态。这可以进一步细分为体育活动的形式、使用的体育器材和场地设施，以及为推动体育进步而产生并转化为物质形态的各种思想和物质产品三个密切相关的组成部分。上面提到的三个方面都有可能对消费者的购买行为造成一定的影响。以体育器材和场地设施为例，它们在许多体育活动中起到了至关重要的作用。如果缺乏这些辅助设施，人们参与体育活动的热情可能会大大降低，从而导致人们对体育的消费需求减少。因此，建设合适的体育场地和购买合适的体育器材变得尤为关键。

2. 体育精神文化对消费者体育消费行为的影响

体育精神文化指的是人类通过体育活动或基于体育的主观世界所进行的改变，以及由此产生的成果。如果体育的物质文化是外部的，那么体育的精神文化则是内部的，属于精神和思想的层面。当然，这两者并不是分开的，而是紧密相连的。消费者在体育消费上的行为也会受到体育精神文化的深刻影响。例如，目前我国所倡导的全民健身观念实际上是体育精神文化的一部分。通过对这一理念的广泛宣传，我们可以让更多的人了解到体育活动的价值，从而提高社会大众对体育健身的认识，并进一步推动社会大众参与体育消费。

3. 体育制度文化对消费者体育消费行为的影响

体育制度文化代表了人类通过体育活动进行的自我完善过程，它是一个用于调整和规范体育活动中各种关系的制度和组织结构。消费者在体育消费上的行为受到体育制度文化的影响，但这种影响并不是直接产生的，而是间接产生的。这种间接效应通过对体育的理论道德和社会风尚的影响，促进体育的健康成长。随着体育的进步，社会大众参与体育活动的热情也会相应增加，从而推动社会大众的体育消费。

（二）现代网络文化对消费者体育消费行为的影响

网络文化作为现代文化的一个显著组成部分，随着信息技术的不断进步，已经深入到我们的日常生活之中，并对我们的消费习惯产生了深远的影响。从体育消费的角度来看，根据之前对体育消费心态的探讨，体育消费的需求构成了体育消费的核心基石，而这种需求的形成依赖于各种内部和外部因素的推动。在这个数字化的时代，人们获取信息的速度得到了显著的提升，使得我们无须外出就能获取大量的信息。对于那些对体育有浓厚兴趣的人，他们倾向于通过互联网获取更多与体育相关的资讯，这些资讯可能是激发他们体育消费欲望的外部驱动力，当这些信息积累到某个水平时，可能会转化为实际的购买行为。另外，在数字化的时代背景下，网络购物已逐渐转变为人们主要的购物方式，这种方便快捷的购物模式也给消费者在体育方面的消费带来了额外的便捷性。

# 第三节　体育消费行为的经济学分析

体育消费是经济学的一部分，因此从经济学的视角分析消费者的体育消费行为是非常必要的。这一部分采用经济学的视角，从体育产品的价格、消费者的收入以及政府在体育上的支出三个维度出发，深入探讨了消费者在体育消费上的行为模式。

## 一、体育产品价格与消费者体育消费行为相互影响作用

从消费者的角度来看，产品的价格确实是决定他们购买行为的关键要素。在大多数情况下，产品的售价越高，消费者的购买意愿通常就越低；相对地说，当价格降低时，消费者的购买意愿也会增加。

显然，上面提到的状况仅仅是对需求方的一个理想化的考量，但如果把供应方的情况纳入考虑，那么整个情境将会变得更为复杂。从供应方的角度来看，产品的价格与其提供的数量是正相关的，价格更高意味着供应方能获得更高的利润，同时供应方的供应量也会更大；与此相对，当产品的价格降低时，供应方获得的利润也会减少，从而导致供应方的供应量也相应减少。

然而，在产品价格相对较高的情况下，尽管供应方提供了更多的供应，消费者的购买需求却可能减少，这可能导致供应超过需求，从而迫使产品价格下跌，与此同时，产品的供应量也可能会减少；随着产品价格的降低，消费者购买的需求也会相应增加，从而实现双方的平衡。这表明，体育产品的价格和消费者的体育消费行为之间存在相互影响的关系。

## 二、消费者收入对其体育消费行为的影响

收入不仅是消费者个人所拥有的财富，同时也是他们能够掌控的资源，而这些可支配资源的数量在很大程度上决定了消费者在体育消费方面的行为。简而言之，在其他因素保持不变的前提下，如果消费者收入有所下降，那么他们在体育方面的相关消费也将相应减少；当消费者的收入上升时，他们在体育领域的消费也会相应地增长，但这种增长并不是简单的线性关

系，而是展现出一个从缓慢到快速再到缓慢的发展模式。

当然，上面提到的情况也可以视为一个理想化的状况。在实际生活中，消费者的收入不仅会受到多重因素的影响，而且其收入与可支配收入之间也存在一定的不平等性。因此，在分析消费者的收入和体育消费行为时，有必要将其他相关因素纳入考虑范围。在这些因素中，有两个是绝对不能忽视的。

首先，考虑到消费者的日常开销。日常开销实际上是居民为了购买商品和服务以满足特定生活标准所产生的金钱开销。虽然这里提到的特定生活水平因个体而有所不同，但如果我们按照最基本的标准来定义，这里的生活成本实际上是满足基本需求的最低公共开支。根据马斯洛的需求层次理论，人类的满意度需求从低到高。即使是最低层次的生存需求也需要一定的支出。因此，只有在满足了基本的生活需求之后，消费者在体育活动上的消费行为（这是一个更高级别的需求）才有可能发生。显然，消费者在体育消费上的行为并不是随着收入的增长而产生的，而是在消费者的收入达到一定水平（至少能够满足他们的基本生活需求）之后才会发生。

其次，关于消费者的工作时长。通常情况下，人们的工作时间是每个工作日八小时，但在实际生活中，由于工作性质的不同，一些人的工作时间往往会超过八小时。此外，部分员工为了追求更高的薪酬，会选择在八小时工作时间之外额外加班，这无疑也会延长他们的工作时长。还存在这样一个现象，某些人为了减少日常生活开销，例如为了降低购置房产和租赁住房的费用，会选择离市中心相对较远的位置，这无疑导致了他们的通勤时间成本上升。无论是上面提到的哪一种状况，都可能增加消费者的收入，但同时也会缩短他们的休闲时间。体育消费主要是在休闲时间内完成的，因此，休闲时间的减少可能会对体育消费行为产生抑制作用。当然，从总体的增长趋势来看，收入的增加会刺激其体育消费行为的产生，但是休闲时间的减少会导致其增长速度变慢。

从总体来看，尽管消费者的收入和体育消费之间存在许多影响因素，但随着消费者可支配收入的逐渐增长，他们在体育相关领域的消费也会相应地上升。

## 三、政府体育支出对消费者体育消费行为的影响

政府在体育领域的财政支出主要受到财政收入和相关政策的制约。当政府的财政收入相对较高，并积极支持体育事业的发展时，其在体育方面的投资也会相应增加，这无疑会对消费者在体育消费方面产生积极的推动作用；反之，如果政府的财政收入相对较低，并且对体育活动的资助不够充分，那么在体育方面的财政支出也会相应减少，这将对消费者在体育方面的消费产生不利影响。政府在体育领域的资金支出根据其形式可以划分为直接和间接两大类，以下是它们对消费者在体育消费上的具体影响。

（一）政府直接体育支出对消费者体育消费的影响

政府的直接体育支出指的是政府在财政预算中为促进全面的体育活动而分配的资金，例如举办大型运动会、建设体育相关的设施、推广公共体育活动等。这部分资金被直接分配到与体育有关的领域，因此被视为直接的体育开支。一般来说，政府在体育领域的直接资金投入越大，与体育相关的设备和设施的完善程度越高，以及对公众的宣传活动越为深入，都会对消费者的体育消费产生更大的影响，更有可能刺激消费者在体育方面的消费。当然，在具体实施过程中，由于政府在体育方面的直接财政支出可能会受到其他变量的影响，因此有必要将这些变量纳入考虑范围内。在这

些因素中，以下几点尤为显著：

1. 资金的使用方向与使用效率

当政府在体育上的直接支出保持相对稳定时，投资的取向和效益会令消费者在体育上的消费习惯发生显著的变化。首先，在资金分配方面，政府的投资涵盖了大型运动会的组织、体育设施的建设以及大众体育活动的推广等多个方面。其次，在资金分配过程中，需要根据当地的具体情况，为各个方向分配不同比例的资金，以确保这些资金能够发挥最大的效用。最后，关于资金的使用效率，相同数量的资金在使用效率上的差异，其带来的效果也会有所不同。例如，在建设与体育相关的设备时，我们应该进行科学的策划，并对工程的执行进行严格的监督，以防止资金的浪费，并确保每一笔资金都能充分发挥其潜在价值。

2. 资金的使用时机

所谓的时机，是指那些带有时间属性的客观条件，也就是在特定的时刻出现的独特机会。古代的人们常说"天时地利人和"，其中，"天时"可以被视为一种特定的时机。无论做哪件事，只要时机恰当，成功的可能性都会上升。政府在体育领域的直接资金投入也是这样，如果能在适当的时机进行，其产生的效益将会得到增强。例如，在奥运会进行时，公众对体育的兴趣和热情都相当高涨。如果在这段时间内为体育宣传投入足够的资金，这无疑会进一步激发公众参与体育活动的兴趣，并对提高公众的体育消费水平产生积极的推动作用。当然，追求合适的时机绝不能是有意为之，也不能仅仅因为想要抓住机会而忽视日常的财务支持。全民体育运动是一个需要长时间投入和努力的长期项目，因此，在适当的时机，可以适当增加财政支出，以达到事半功倍的效果。

（二）政府间接体育支出对消费者体育消费的影响

政府的间接体育开支指的是那些不直接用于体育活动的资金，例如用于公园建设、环境改善、道路翻新等项目的资金。实际上，从严格的财政用途角度来看，这些资金被视为其他方面的财政支出。但公园的建设、环境的改善和道路的整修等活动也有助于促进全民参与体育活动，从而进一步推动社会体育消费的发展。目前，我国正积极推动全民参与体育活动，其中"体育强国"已被纳入国家的战略计划。为了鼓励社会大众更加积极地参与体育活动，创建一个积极的社会公共环境是至关重要的。

# 第四节　体育消费行为的心理学分析

从个体的角度来看，所有的行为模式都与其心理状态紧密相连，这在体育消费行为中也同样适用。这一部分从心理学的视角出发，分别从消费者的消费心理过程与心理状态、个性心理特征以及体育消费的需求与动机三个方面，探讨了消费者在体育消费中的行为与其心理状态之间的联系，并最终强调了消费者消费心理与体育市场之间的双向影响机制。

## 一、体育消费行为的心理过程与心理状态

体育消费行为的心理过程可以大致分为三个阶段：产生、行动、完成。体育消费心理中存在一个普遍的现象，那就是每个人都会经历这一过程。在这个过程中，消费者可能会有某种心理状态，但这些心理状态并不总是一致的。也就是说，每个人在消费时产生的心理状态都是独特的，甚至一

个人在不同的消费环境中产生的心理状态也可能有所不同。在研究体育消费行为的心理过程和状态时，我们可以从以下四个维度进行深入探讨：

（1）消费者对于体育商品和与体育商品相关的劳务的了解，会对他们在体育消费上的心态和心理状况产生影响。当个体进行体育消费活动时，商品的价值成为一个关键的考量因素。体育商品及其相关的劳务流程都会对体育商品的价值产生影响。因此，消费者在评估体育商品的价值时，会对体育商品及其相关的劳务流程进行深入的思考。

（2）在个体的体育消费行为中，其心理过程和心理状况都会显现出来。实际上，对于绝大部分人来说，不管他们是否正在进行消费行为，他们的心理状况与外部行为之间都有着紧密的联系。因此，通过观察和分析个体在体育消费活动中的外部行为模式，我们能够在某种程度上洞察到个体在体育消费方面的心理动态和心理状况。

（3）对于绝大部分人来说，无论是体育消费还是其他形式的消费，普遍存在着消费心态的倾向。例如，许多消费者都有追求"物有所值"的购买习惯。因此，分析个体的消费行为心理过程和心理状态时，普遍存在的个体消费心理倾向成为一个重要的分析工具。

（4）个体在体育消费行为上的心理动态和状态也会受到卖方行为的影响。在体育消费的全过程中，除了不可或缺的体育用品外，还涉及买方和卖方这两个主要的行为参与者，而这两个主体之间必然会因体育用品而形成某种联系。当买家和卖家在体育商品的形态、定价和需求等多方面达成共识时，这将推动体育消费者完成他们的消费心理过程，进而确保他们能够顺利地进行体育消费；如果两方最后未能取得共识，这可能会妨碍体育消费者的消费心理发展，并可能导致他们停止体育消费。

## 二、体育消费者个性心理特征对消费行为的影响

正如这个世界上不存在两片一模一样的叶子,同样地,世界上也不可能有两个一模一样的人,但每个人都会展现出他们独特的心理和性格特点。在进行体育消费时,消费者的独特心理属性无疑会对其体育消费习惯产生影响。影响消费者个性心理特质形成的因素相当复杂,包括但不限于年龄、性别、职业背景、教育水平以及个人兴趣等。以消费者的兴趣为出发点,在体育消费活动中,他们往往更倾向于购买自己感兴趣的体育产品,并愿意投入时间去深入了解这些产品的相关信息。例如,对篮球有兴趣的消费者,会对与篮球有关的体育产品有更深入的了解,并且更有可能购买与篮球相关的体育用品。

通过对消费者在体育消费中的心理过程和状态进行分析,我们可以观察到消费者普遍存在的消费心理现象,并在多个方面展示了这些心理现象的一致性;分析消费者的个性心理特点,实际上揭示了各种消费者在消费心理上的不同表现。深入研究消费者的消费心理过程和心理状态,可以帮助我们从一个更宏观的角度来理解和控制所有消费者的消费心理。同时,对消费者的个性心理特征进行研究,将有助于我们在宏观控制的基础上,对消费者个体进行更深层次的探索和理解。

## 三、消费者体育消费的需求与动机

消费者在体育消费上的需求和驱动力与他们的体育消费心态有着紧密的联系,因此,对消费者在体育消费上的需求和驱动力进行深入分析是非常必要的。

（一）消费者体育消费的需求分析

根据马斯洛的需求层次理论，人类的需求可以分为五个不同的层次，从低到高分别为：生理需求、安全需求、社交需求、尊重需求、自我实现需求。尽管马斯洛的需求层次理论有其局限性，但它对于探究消费者在体育消费方面的需求仍旧具备一定程度的指导作用。

各种消费者都有他们独特的消费需求，特别是在体育方面的消费。根据马斯洛的需求层次理论，消费者在体育消费方面的需求可以在多个不同的层面上得到体现。例如，在体育锻炼的消费中，如果消费者的主要目标是增强身体健康，那么这就是生理和安全需求的一部分；如果消费者的目的是通过这种方式来扩展他们的社交网络，那么这就是社交需求的一个层面；如果消费者的目的是提高自己的自律能力，那么这可以被视为满足自我需求的一个层面。消费者的独特心理属性是引发上述问题的关键因素之一。显然，一个消费者在体育消费上的需求可能覆盖多个或更多的层面。

实际上，每个人都有潜在的体育消费需求，只是由于某些因素的影响，有些人还没有开始实施体育消费。在这种情况下，一旦他们拥有足够的经济实力，他们对体育的消费需求将会转变为实际的体育消费活动。例如，尽管某些人在经济上有一定的实力，但由于他们的体育消费观念不够稳定或对体育的消费需求并不显著，这也导致了他们并未形成体育消费习惯。对于这种情况，他们可能只是缺乏了解体育的机会。但随着我国体育相关政策的实施，体育运动和全民健身的意识将逐步渗透到人们的心中，他们的体育消费意识将会逐步显现，最终转化为体育消费行为。

显然，体育消费的需求构成了体育消费动机的基础，而内部和外部的刺激因素则是体育消费需求产生的根本原因。因此，我们应该采取一系列措施来激发消费者的体育消费欲望，从而促使他们产生对体育消费的需求。例如，公众的观点以及体育市场的推广活动等，都有可能在某种程度上激发消费者对体育的消费欲望。显然，上述的体育消费过程并不是短时间内就能完成的，体育消费需求的出现只是开始，还需要激发消费者的体育消费意愿，然后才能将其转化为具体的体育消费行为。

（二）消费者体育消费的动机分析

动机作为行为的直接驱动力，消费者的消费行为在很大程度上是由某一特定动机触发的，因此，对消费者在体育消费方面的动机进行深入分析是非常必要的。鉴于消费者在体育消费上的动机各不相同，因此在探讨消费者的体育消费动机时，有必要进行更深入的分类，这样才能更精准地激发他们的体育消费意愿。在这里，将重点从年龄、性别和教育背景等几个维度进行深入探讨。

1. 不同年龄阶段的体育消费动机分析

在年龄阶段的分类上，我们大致采用了青少年、青年、中年和老年这几种分类方法。对青少年这一特定群体而言，他们在多种消费驱动因素中，对品牌和个性的追求程度相对较高；对年轻人而言，在他们的多种消费驱动因素中，对品牌的追求更为强烈，同时，对丰富生活的渴望也更为强烈；对中年人群而言，在他们众多的消费驱动因素中，追求更丰富的生活和社交活动的意愿更为强烈；对老年人群而言，他们更倾向于追求物有所值和健康的生活方式。

2. 不同性别的体育消费动机分析

由于男性与女性在生理构造上的不同，这也造成了不同性别的人在体育消费方面存在显著的差别。从京东发布的《京东体育消费报告》中我们可以了解到，在体育消费领域，男性用户的普及率始终超过女性用户，他们是体育消费的核心力量。在体育消费方面，男性用户更倾向于参与垂钓、冰上运动和滑雪等活动，这些活动的男性用户比例明显高于女性，而女性用户则更偏爱瑜伽、游泳、马术、轮滑等体育项目。

3. 不同文化程度的体育消费动机分析

消费者在体育消费上的动机很大程度上受到其文化水平的影响。对于文化水平相对较低的消费者来说，他们在体育消费方面的需求并不显著，因此他们进行体育消费的动机也不是特别明确。因此，在进行体育消费的过程中，这一群体通常不会去考虑体育消费在社交和丰富生活方面的作用，也不会去关注品牌和个性，而是更倾向于追求物有所值的产品。对于文化水平较高的消费者来说，他们对体育消费的需求通常更为强烈，并在体育消费动机方面表现得更为明显。然而，由于受到其他多种因素的影响，这一群体在体育消费动机上并没有达到统一的水平。有的人更倾向于追求丰富多彩的生活，有的人则更倾向于社交活动，而还有一些人则更多地追求物有所值。显然，尽管某一特定群体的消费动机在某种程度上是普遍的，但它们之间仍然存在显著的差异，这一点在前文关于年龄和性别的分析中也得到了体现，这也构成了本节第二点中对消费者个性心理分析的一个关键因素。

## 四、体育消费心理与体育市场的双向影响关系

从狭义的视角出发，消费市场被视为消费品交易的主要场所。从一个更宽泛的视角来看，它不只是一个消费品交易的场所，更是与消费品交易相关的所有交换关系的综合体现。不管我们如何定义消费市场，体育消费市场都会对消费者的体育消费心态产生一定的影响。同样，消费者的体育

消费心态也会对体育消费市场产生作用，因为消费者的消费心态会影响他们对体育产品的需求，这种需求会对体育市场产生影响。因此，消费者在体育消费上的心态与体育市场之间有着相互影响的联系。

# 第六章 互联网视角下的
# 体育消费市场

## 第一节 互联网视角下的体育消费特征

　　体育消费不仅是体育市场增长的真正支柱和驱动力，而且最终还将体育与产业链联系起来。随着"双十一"等在线业务的不断扩张，直播体育平台，互联网正在深刻改变着人们的习惯和体育消费观念。互联网已经深入人们的日常消费，从内到外，深刻改变了生产过程、用户体验和影响方式。与此同时，民众对体育用品的需求逐渐增加，这对体育产业产生了重大影响。体育产业总规模已超过 5 万亿元，成为经济和社会发展的主要驱动力。毫无疑问，"互联网+"在这些年已经普及，体育行业通过这一趋势经历了重大变化。体育消费市场正在逐渐走向互联网，这已经成为时代进步不可避免的趋势。面对许多体育在线商业策略，体育消费市场的新趋势是什么？目前，仍有一些问题需要解决，如何根据当前的发展机会，充分利用"互联网+"作为体育消费市场的工具，是值得进一步讨论的重要问题。

## 一、体育消费

消费反映了达到一定发展阶段的社会生产力，它在人类的社会经济活动和过程中发挥着重要作用。目前，中国对数字消费理论的研究开始得相对较晚，体育消费的定义不断更新和完善，中国科学家从不同角度对不同版本的体育消费进行了一些研究。

在消费经济学领域，体育消费的"经济学"概念被认为是最重要的部分。消费经济学主要讨论如何合理组织消费品以满足人们的不同需求，同时研究人、商品和人之间的经济互动，即如何在"互联网+"背景下实现体育产业的创新和发展。从经济学的角度来看，体育消费这一概念正好揭示了这一发展过程。

## 二、体育消费市场

体育消费中的"经济学"理念显然是基于消费市场，其研究焦点集中在经营、管理和市场推广上。随着信息技术的迅速发展和互联网的广泛使用，各类市场参与者都通过网络实现了互联互通，使经济活动和市场交易模式发生了巨大变化，这不仅大大提高了资源配置效率，而且改善了生产者和消费者的福祉。随着互联网经济的出现，传统经济面临着许多考验，特别是在"互联网+"的背景下，市场上的传统体育消费与体育消费之间出现了新的趋势和变化。有学者持有这样的观点：体育产品的主要价值在于它们可以满足人们的特殊需求。当人们选择支付体育产品或服务以满足自身需求时，就会发生这种交换。因此，当体育消费市场上提供体育产品以满足人们的特定需求时，这些产品自然会获得与市场上其他产品几乎相同的商品特征。体育用品在流通中，即在体育消费市场中，主要是通过个人或团体之间的活动交流或关系。

## 三、"互联网+"背景下体育消费的特征

### （一）满足多样体育需求，使体育消费具有互动性

"互联网+"这一概念将所有特性紧密结合，为体育消费活动带来了高度的互动性。一般来说，运动材料产品具有与普通产品相似的特性，但与运动材料产品相比，运动材料产品表现出独特的特性。体育运动的非物质产品，即体育服务，表明生产和消费在同一时间和地点同步，也就是说，生产和交换消费活动是同时进行的。传统运动在消费习惯中存在，因为运动服务产品具有独特的特点，运动服务产品无法大规模储存或生产，从而导致盈利能力下降。特别是在体育消费市场需求超过供应的情况下，许多生产环节无法提前生产以避免潜在风险。随着"互联网+"时代的到来，体育消费是一种基于现代互联网技术的商业模式，充分利用互联网等互动工具进行扩展，从而在体育消费结束时实现生产与需求之间的高度互动。与传统的体育消费或商业模式相比，"互联网+体育"是产品制造各个方面的消费模式，加强了与消费者的互动，更加重视与消费者之间的关系。我们主要考虑以下方面：确保目标消费者、功能特征和产品质量标准基于消费者的实际需求；在确定产品或服务价格时，我们需要从消费者的角度考虑可能需要支付的成本，以及这些成本是否能为他们带来真正的价值。在进行促销、广告和公关预算时，考虑是否与客户进行有效沟通。在构建和设计渠道的过程中，我们充分考虑了客户的购买需求和售后服务便利性。在

整个供应链中，通过与消费者进行全面、即时的互动（测试产品或服务是否真的满足消费者需求的过程），从尽可能多的角度收集和接收消费者的反馈和建议。这正是因为企业和消费者从"单向互动"到"双向互动"，这使得现代消费团队和个人消费成为可能。此外，体育消费之间的相互作用为相关公司带来了规模经济的潜力。消费者通过充分参与体育产品或服务，实现了生产与需求之间的有效沟通，制造成品或服务以满足民众对体育消费的多样化需求。例如，许多在线直播平台可以为用户提供专用服务，例如数据分析播放器、实时直播以及在实时交互中使用虚拟现实技术。

（二）改变消费行为模式，使体育消费具有共享性

互联网不仅消除了生产和消费之间的障碍，还加强了消费者在消费过程中的互动，确保在消费过程中共享体育信息。传统的消费者行为理论，即 AIDMA，消费者从第一次接触商品到完成购买行为的整个过程。D—产生强烈的欲望；M—负责产生记忆；A—鼓励人们购买。当这一理论在"互联网+"体育消费背景下应用时，消费者行为模式将随着外部环境的变化而变化。不同类型的社交媒体以独特的方式将人们紧密联系在一起，将大量的人聚集在一起，这也导致了消费者群体的逐行扩张。然后，在互联网环境中，群体之间的互动将如何影响人群在体育消费中的表现？研究美国大众消费模式的科学家指出，消费者在选择内容和消费方式时往往会无意识地聚集在一起。该群体可能对产品/服务有相同的购买行为或类似的担忧。因此，在"互联网+"的背景下，新的消费者行为理论 AISAS 模型为数字居民消费者行为提供了更深入的解释。与 AIDMA 理论相比，AISAS 和 AIDMA 理论在第一阶段几乎相同，但在第三阶段，它们开始发生了一些变化。在 AISAS 理论中，第三阶段是 S，这意味着消费者在网络环境中寻找产品或服务。第四阶段是购买。最后阶段是 S 或参与。随着互联网技术的进步，消费

者已成为媒体的代表，他们可以随时随地交换信息，并与他人分享他们在商品和服务方面的经验。大多数体育活动都被视为团队活动，通过创建体育互联网，社区消费无疑可以刺激体育消费的增长，增强人们对体育活动的参与热情。在"互联网+"时代背景下，AISAS模型强调了使用先进技术获取和交换市场信息的重要性。由于体育消费信息具有这样的特点，它将互联网作为广泛传播的核心，从而实现了信息传播的效率，这也给参与购买和收集信息的体育运动带来了重大变化。例如，通过促进社区建设和功能共享，各种网站预订应用程序、健身应用程序等，不仅可以提高用户的忠诚度，还可以鼓励用户积极参与产品或服务体验和性能信息，使消费者的行为模式从被动变为主动。

（三）优化消费结构，使体育消费具有合理性

"互联网+体育"之间存在着一种螺旋上升的联系。互联网将加速从体育生产和社会结构的转变，这将推动互联网根据消费体育的特点在技术层面上进行更多创新，同时也将进一步改革和加强对形势的思考。为了改善体育消费结构，我们不仅需要使用"互联网+商业模式"来创新体育消费供应，加快体育投资的转变，还需要通过互联网重塑消费者的体育价值观，从而改善体育消费的总体环境。根据当前的实际情况，中国不同人群的体育消费结构显示出明显的差异，其中物质消费比例更高，而体育消费参与率继续上升。随着互联网+时代的到来，传统体育消费者逐渐转向互联网用户。与互联网使用相关的公司，尤其是移动互联网，正在重塑其产业链，并与体育消费者建立新的关系。这种转变基于用户的实际需求，目的是改变体育参与者的消费习惯，逐步实现消费升级和改善用户体验。随着活动直播过程的改进和观众体验的改善，许多重大活动都朝着直播平台发展的方向去发展。这就是为什么市场上有如此多的体育直播平台，它不仅为体

育爱好者提供了更多的相关服务和产品，而且还通过多种方式提高了用户的忠诚度，例如子弹、社区互动和解释。从另一个角度来看，社会资本正在积极调整体育产业的规划，以改善体育消费的构成。万达已经完成了对马竞、盈方和世界铁人公司的收购，目的是建立一个涵盖体育赛事组织、赛事市场推广、赛事转播以及运动员经纪的完整产业链；例如，各种社会资本为KEEP提供的资金支持，都是为了逐步调整体育消费模式，提高体育爱好者的消费效益，并使体育消费变得更为合理。总的来说，在"互联网+"的背景下，体育行业使用移动互联网、大数据等，促进了体育消费模式的进一步改善。此外，互联网作为信息传输的重要平台，逐渐形成了独特的文化特征。因此，互联网提供的资源正在空间维度上重塑人口消费的体育环境，并对体育运动人群的生活习惯和消费模式产生深远影响。简而言之，"互联网+体育"的商业战略是从需求角度加强体育消费合理化进程，进一步促进体育、健身、娱乐以及消费市场的基本体育竞争。

（四）拓展消费范围，使体育消费具有无边界性

随着信息技术的发展，互联网已成为新时代传播信息的创新手段。虽然它通过物理手段解决了信息不对称问题，但其本质是解决"沟通"问题。因此，"跨境"和"集成"已成为"互联网+"计划的突出特征。互联网不仅扩大了球场界限，而且在很大程度上超越了市场的传统时空限制。利用互联网等先进技术的成功应用，传统体育运动在时间和空间上的消费活动逐渐被克服，逐渐演变为无限消费模式。一方面，通过互联网和其他行业进行体育整合，为居民提供更多的体育选择。随着移动互联网、虚拟现实、大数据、智能可穿戴、在线智能门票和体育场馆等广泛应用，消费市场的体育运动已分为更详细的内容。这不仅丰富了原有的体育消费渠道，还带来了新的体育消费选择以及周边行业，如体育旅游、体育、广告、体育与

金融、保险和体育训练。这些新技术为居民提供了大量不统一的个人体育产品，满足了新时代不同社会阶层人口的不同需求。另一方面，消费者可以收集各种消费信息，并通过大数据、物联网等来处理这些信息，以便更好地了解消费者的体育消费偏好和习惯。因此，体育产品或服务的生产将通过将这些数据分析为生产、营销和其他链接，为消费者提供最佳服务。从更深入的角度来看，提高消费者购买体育产品或服务的效率，还可以从搜索、选择和支付这些链接的全面改进中受益。这在很大程度上确保了体育消费者购物的便利性，从而提高了各个方向的消费效率。

Nike 品牌运用"互联网+"时代的各种先进技术，成功构建了一个数字化的 Nike 平台。该平台将 Nike 官方网站、在线商店、社交媒体账户等多个数据点紧密联系在一起，形成数据良性循环。通过互联网技术，实现了广泛的数据链接，这些链接适用于体育产品、服务和营销，从而扩大了体育消费的范围，促进了民众对体育、社会消费等高度融合和发展方面的参与。

# 第二节　互联网视角下的体育消费市场发展现状

## 一、"互联网+体育"生产主体的发展现状与问题分析

### （一）市场供应链分析

借助"互联网+"的整合，体育赛事表演行业得以进一步完善和拓宽体育赛事市场的供应链体系。在"互联网+"的背景下，体育赛事运营公司发

挥着重要作用。俱乐部和体育赛事制作结束产品使用"互联网+"来实现赛事营销过程，包括推广所有广告媒体、竞争和投资招标的每个环节，以及结算方面的最终利润竞争。与此同时，在体育赛事的运营阶段，衍生产品也带来了利润，这对体育设备、体育、营销、体育彩票等行业产生了重大影响。利用互联网平台、大数据挖掘等先进技术，"体育互联网"供应链得到了优化。

得益于互联网和国家的有利政策，大量的资金被投入到体育产业的生产环节中。在当前的背景下，得益于"互联网+"时代带来的技术优势和国家的有利政策，体育行业经历了空前的增长。正如之前提到的，大量的资本纷纷进入体育领域，众多的大型企业也开始在体育领域进行布局。

（二）资金投入分析

随着社会资本的逐渐增长，我们可以更好地构建完整、功能齐全和布局适当的体育产业结构。在 2014 年 10 月发布相关政策后，中国对体育的投资，尤其是对在线体育的投资显著增长。根据官方网站发布的数据，2015 年的投资约为 2014 年的 3 倍。媒体、O2O、硬件或软件、工具或平台、教练或软件是社会项目投资的主要方向。

随着体育市场的大量资本投入，体育产业的发展已将重点从制造业转移到服务业，真正从公民参与体育运动服务的部分逐渐成为体育产业的主要部分，并逐渐促进了人口体育消费结构的积极发展。从外部的角度来看，人口的体育消费在某种程度上呈现增长趋势。基本上生产结束时的资本积累涉及虚拟经济和实体经济之间的平衡。具体而言，互联网经济具有虚拟经济的特点。一方面，它在一定程度上促进了实际经济增长；但另一方面，由于与实体经济存在一定程度的分离，它可能会误导实体经济的升级，也可能会误导资金分配，甚至可能会导致需求结束时的结构性失衡，以及整个经济崩溃。事实上，与传统产业相比，最实用的体育产业需要广泛的认可和资本投资，才能自然融入日常生活。从本质上讲，体育产业是体育生产的方式，不仅生产体育消费，还提供体育消费所需的材料，这决定了体育消费的方式，并注入了体育能量消耗。因此，体育产业生产结束时的资本积累不仅带来了新的机遇，也带来了新的挑战，以促进消费市场体育的发展。

## 二、"互联网体育"基础设施分布的发展现状与问题分析

（一）互联网普及率分析

体育消费中的数字鸿沟仍然突出，导致区域发展失衡，城乡差距更加明显。不可否认的是，生产网络中的体育用品将不可避免地推动消费者上网。随着各省、城市和地区的"互联网+"深入项目在每个省份的实施情况都有了显著改善。在中国，互联网的发展与每个地区的经济增长率密切相关。中国东部的互联网普及率相对较高，而中国西南部的互联网普及率相对较低。因此，中国东西部消费市场的"互联网+体育"表现出明显的发展不平衡。

（二）中国网民城乡结构分析

随着时间的推移，网络的覆盖面积逐渐增加，而接触网络的门槛逐步下降。一方面，"项目网络覆盖"使更多居民能够在访问互联网方面取得快速进展。另一方面，互联网"加速降低费用"项目取得了重大进展，使更多居民能够负担得起互联网成本。

随着"互联网+"时代的到来，新技术和互联网基本设备的概念使城乡体育消费的差异更加明显。尽管中国农村地区的互联网用户数量有所增加，但城乡之间的互联网普及率差距仍然很大。在"互联网+"的背景下，基础

设施不再局限于网络和服务器，而是包括平台、网络和外围设备的全面协作工作。事实上，农村地区不仅面临着互联网设备基础设施不足的问题，而且还面临着互联网技术用户之间的文化差异。在设备基础设施方面，由于经济、政治、人口等诸多因素，基础设施在农村地区处于初级发展阶段，与"体育互联网十大"计划相匹配，各种基础设施都不理想。这主要是由于农村地区缺乏体育资源，这些资源不仅是人们参与体育活动的基础，也是农村地区体育发展的主要障碍。另外，农村地区的宽带、光纤、4G、5G 网络建设受到大量投资、长工期、用户分散、收益低等因素的限制，导致农村地区的商品流通和服务网络受到阻碍，成为挖掘农村信息化市场的障碍。与此同时，由于主体与技术之间的文化落后，城乡之间的体育消费差距更加明显。因此，在农村地区的城市化进程中，物质文化、科学技术的变化往往快于制度和观念的变化，这种文化落后将导致区域体育的重大偏离，从而导致体育生产的更明显偏离，以影响农村地区的消费和供应。因此，在适应互联网发展的过程中，物质文化、科学技术的变化往往比机构和观念的变化更快。

## 第三节　互联网视角下的体育消费市场的发展战略

### 一、基于生产主体视角

（一）提高产品质量，推动体育类互联网产品的创新

产品是市场活动的基本要素。如果体育产品能够在进入体育消费市场

后吸引消费者的注意力并激发他们的购买欲望，那么主要因素是体育产品本身的吸引力。随着科学技术的发展，尤其是移动互联网的广泛应用，这些硬件和软件提供了提高体育产品或服务质量所需的物质支持，从而导致体育消费市场的变化。从不同的角度来看，我们正在进入消费互联网时代，互联网营销首先从促进产品或服务的销售开始。随着移动互联网的广泛应用，专注于"互联网+"的工业互联网逐渐成为市场的核心。因此，在体育消费市场的供应方面，应改善体育产品的用户体验，降低与体育消费相关的成本。使用消费者数据以及互联网技术制造和推广与体育相关的产品或服务。如今，互联网上体育相关产品的消费者仍然保持着体育消费的传统基本特征，但随着互联网元素的增加，体育消费者正逐渐朝着年轻的方向发展。因此，在"互联网+"的背景下，体育产品或服务的生产需要根据不同的消费者类别来划分体育消费市场，并考虑到生理、心理和行为特征，我们非常重视舒适、社交、时尚等需求的各个方面，以及个人产品的设计、生产和定制。在体育消费中，观看体育赛事被认为是最大的需求之一。因此，我们应该更加重视改善基于品牌知识产权的直播体验和社交互动。在"互联网+"的背景下，高质量的品牌知识产权不仅可以为球队和投资者带来巨大价值，还可以对体育观众产生深远影响。此外，它还可以通过多部门和综合的方法，促进旅游、广告、媒体、教育和房地产等许多行业整个体育消费市场的发展。更重要的是，我们需要与国际品牌公司合作与交流，学习国际市场开发经验，研究运营机制、员工培训和商业体系。在此基础上，我们应该建立和发展具有竞争力的本土品牌，打造具有竞争力的本土品牌知识产权，创新竞争发展模式，逐步改变观看和参加体育运动的人们的消费习惯和观念。接下来，我们将选择O2O作为运动整体消费的起点，并考虑用户个性、环境使用和习惯，以确保运动应用程序从初级到中级设计清晰，从而提高用户忠诚度。

（二）加大宣传力度，吸引更多的体育消费者

我们需要推广体育广告、互联网产品或服务。一方面，您应该通过各种渠道进行营销，以吸引更多的体育消费者。另一方面，通过使用新媒体作为沟通工具，增强体育对健康的积极影响，促进与现代社会发展相适应的体育价值观，鼓励更多人参与消费体育活动。如果我们将体育消费视为一种完整的行为模式，那么"体育互联网"消费可以被视为比源自新行为模式的内部结构更为复杂。当人们试图适应新的工作方式时，他们需要根据生活中的基本需求不断调整，形成新的消费观念。在此基础上，我们应当充分发挥互联网平台、体育相关产品、APP的功能以及"互联网+"时代大众传媒的引导作用，鼓励和引导公众参与新型的体育消费模式，以增强其对大众的吸引力和兴趣。在为学校、社区和工作人员构建互联网体育平台时，健身知识、体育百科全书和其他资源应充分整合。通过在线体育课程和各种体育赛事，我们可以从简单到深入地促进健康和理性的消费概念。通过这种方式，居民可以从低到高，从被动到主动，从习惯的免费消费到个人支付，从盲目消费到合理消费。在当地社区和俱乐部等地实施智能体育领域的开创性项目，为社会各阶层的所有体育爱好者提供各种"互联网+体育"产品和服务，通过互联网实现资源分配效率，确保需求、定价、休闲等关键领域的对接精度。此外，通过充分利用"体育互联网十大"产品和服务的低消费和高效率特点，通过提供一些补贴（如与健康保险卡服务相关的补贴），逐步创造条件，使消费水平低的人享受或获得"体育互联网十大"产品或服务，从而逐步提高和发展消费质量，最终惠及每个公民。从细节到全面的方法，逐步更新人们对体育消费的看法，我们鼓励居民在分化和成长过程中消费体育工作系统，消除可能影响功能正常过程的各种

异常障碍，确保在发展的新阶段，体育消费能够达到平衡和谐的状态。

（三）重视人才培养，促进"互联网与体育"的跨界融合

为了构建一个健康的体育消费市场，培养具有多种专业技能的复合型人才是不可或缺的。不管是在哪种背景下，对人才的培育都被视为一种人力资本的投入，它是一个为人或产品带来价值增长的过程。这不仅对人或产品本身带来了优化，还推动产品的生产和市场营销，而且对于整个社会的生产能力也有所提升。此外，为了在发展和整合领域推广"互联网与体育"，互联网思想和互联网技术已成为基本组成部分。因此，在"互联网+"的背景下，培养人才是市场体育消费增长过程中的关键。面对这种情况，首先需要改变人才的思考模式，以更加重视"互联网+"的思维方式和技术培训。常言道，"要想改变一个人的生活，需要先改变自己的思维方式"。在这里的应用，已经转变为"要实现互联网+"，要先实现"互联网思维+"。例如，思考互联网包括许多基本概念，如思考数据、思考平台，即共享和周转速度。与掌握技术相比，培养思维通常更加困难和重要。第一，无论学校、企业、家庭或相关政府部门参与广告活动，都应优先发展互联网思维。第二，无论是在公司内部还是在公司之间，都应建立有效的教育模式，以促进不同部门之间的协调发展。互联网产品的快速更新不言而喻，因此其相关技术也将持续不断地进行优化。因此，我国的政府和企业应当加强对相关技术人才的培训和吸引。第三，我们需要支持相关政策和措施，为员工培训提供良好环境，特别是在体育训练领域，我们应该更加重视教学专业，促进专业建设。高校充分利用高等教育机构在培训员工方面的优势，改进相关学科学生的培训计划，以在高校之间取得双赢。我们的目标是培训对体育和互联网技术有深入了解的研究人员，为他们提供实践机会，使他们能够更快地融入市场并在实践中学习。第四，我们需要为人才交流

创造场所或机会，以加强同一领域或高度相关领域人才之间的互动与合作。一方面，为了吸引熟悉互联网行业但也了解体育行业趋势的管理和技术专家，我们可以通过提高工资或提供相关福利来创造有利条件。目标是建立一个"核心"的科学研究团队，然后培养和培训更多的专业人员。另一方面，公司或组织可以为潜在员工提供继续教育机会，从而实施全面培训。此外，公司和组织应建立多种工作机制，如精神动机和薪水动机，以激励员工更好地工作。

## 二、基于政府部门视角

### （一）加强制度创新，营造良好的市场环境

通过不断完善互联网系统和基础设施，我们致力于在我国基础产业中培养体育产业，确保体育经济成为经济增长的焦点。首先，必须深刻认识到将互联网与体育相结合的重要性，为消费市场的体育发展创造有利环境，同时，从行政改革的角度来看，建立统一的体育信息交流平台。通过改进相关法律框架，它为支持技术创新提供了坚实的体系。为了最大限度地提高生产、学习和研究，我们支持引进技术和人才，同时鼓励技术和体育创新成为商业模式。此外，我们鼓励人们创业，体育行业的互联网渗透全球化，以保持新兴互联网经济的活力。

其次，我们应该促进"体育互联网"消费市场的健康竞争，政府应该在相关公共政策领域提供支持，允许市场实施自律，两者共同促进新体育产品或服务的替代。为了实现市场的自主调节，培养多样化的市场竞争主体是至关重要的一步，同时也是打破市场垄断的关键策略。"互联网+体育"的市场竞争，因为它是一个新兴产业，社会力量和资本的引入仍处于初级阶段。在商品经济时代，特定品牌或产品可以不断发展和更新。因此，在

建立市场竞争机制时，相关政府部门应考虑许多因素，例如居民的体育需求和市场环境，以确保企业能够相对自由地在科学和环境规范组织中竞争。

(二) 建立多元化全民健身服务体系，弥补市场资源不足

为了确保人民的体育生活质量，改善国家公共服务体系是关键。在本国推动的"互联网+"项目中，一篇论文强调加快互联网与政府公共服务系统的深度整合，并调查了一种以公众参与为核心的基于互联网的服务社会管理新模式。"体育互联网"不仅改善了国家公共服务和健身系统的基础设施，也是实现这一目标的有效工具。自"互联网+计划"开始实施以来，中国许多地区率先建立了互联网体育公共服务平台，"领导政府、社会参与、市场运作"逐渐形成多元化的运营模式，为体育和公共服务居民提供更多便利。在促进体育公共设施建设的过程中，政府部门可以利用互联网平台，通过一种全面的规划和一群人来满足人们在体育生活中的需求，真正实现人性化的概念。在此背景下，通过网络平台，依靠公共力量筹集资金。公众是相关体育部门执行的一组具体任务，可以通过在线平台进行研究，并在满足民众实际需求的基础上建设体育公共设施。在运营体育公共设施的过程中，体育相关部门可以参考成都的"体质健康全程约"、重庆的"互联网体育"生活云平台和湖北的"去运动"体育公共服务平台模式，整合现有的社会体育资源，通过互联网平台进行公共体育资源的统筹、协调和配置。借助互联网的便利性和效率，我们可以简化公共服务流程，从而为健身创造更有利的环境。通过使用移动互联网作为实用平台，体育赛事的相关信息、体育场馆以及体育行业的综合信息需求，从而为公民提供舒适快捷的体育生活环境。通过管理体育场和购买公共服务的过程，我们从各个体育场收集相关信息，以便居民可以轻松预订健身活动附近的位置。总之，由政府主导、社会广泛参与、市场驱动的国家健身和体育公共服务体系正

在逐步形成，并已成功将科技成果转化为实践。

（三）持续推进互联网普及，加大农村互联网基础设施建设

农村地区的体育消费市场一直是中国体育消费市场发展的弱点。因此，中国应将"互联网+体育"的农民消费作为起点或机遇，以提高我国居民在"互联网+体育"方面的整体消费水平。多年来，城市与农村在体育消费上的差异加大，主要问题是资源流动和资源分配。因此，增加基础设施投资已成为促进农村地区"体育互联网"增长的关键战略。它有助于引导社会各阶层更好地利用现有资源。例如，旧工厂和未使用的体育场馆已经翻新，或者与学校和公司合作向公众开放体育设施。基于这些考虑，在区域条件和特点允许的情况下，可以考虑实验智能体育场的新特点，增强"体育智慧"。与此同时，互联网基础设施已成为城市和农村地区共享资源和改善体育资源分配的关键因素。目前，农村体育产业应与这些基础设施相结合。考虑到农村地区的地理和人口分布，我们应该根据城乡融合的原则，不断改善农村"体育互联网"的消费环境，努力建立体育产品或服务销售和使用的分销体系。在此背景下，我们需要引导农村居民对体育用品的需求，增强他们对体育用品的意图，增强他们的消费行为。更具体地说，我们应该充分利用互联网+时代媒体的传播潜力，尤其是年轻人和学生，以促进互联网+时代的体育参与。特别值得注意的是，体育训练产品可以有效地补充农村社区体育教练的短缺，体育产品将通过互联网平台深入农村地区的体育生活。因此，学生和其他青年团体可以向老年人传播"在线体育"产品或服务，扩大影响力并鼓励新的体育参与方式。我们需要促进农村地区的社会文化建设，积极促进体育活动及其在社会文化中的价值，同时将新运动引入农村地区的体育活动，以注入更多能量。需要特别强调的是，在"互联网+"的背景下，农村将成为线上体育赛事推广和普及的理想地带。

这不仅能有效地填补农村体育赛事的空白，同时也为体育赛事在农村的推广提供了新的机会。随着在线体育赛事在农村地区的普及，农村地区体育赛事的潜在消费将逐渐释放。因此，不断改善农村地区的体育基础设施，加快农村地区互联网基础设施建设，将有助于刺激农村人口对体育的潜在消费，从而提高中国人口对体育消费的总体水平。

# 第七章　竞技体育产业发展

## 第一节　竞技体育消费

消费者对竞技体育服务的需求是竞技体育产业形成和发展的必要条件。在之前的部分，我们对竞技体育市场的各个组成部分进行了深入的探讨，并详细描述了竞技体育产品、竞技体育的生产者以及竞技体育的消费者等，这些都是构成竞技体育市场的核心要素。接下来，我们将深入探讨竞技体育的消费及其需求。

值得强调的是，尽管中国农村的人口数量庞大，但由于其广大的地理范围、人口的分散性以及目前相对较低的收入水平，这些因素都限制了其在竞技体育推广过程中基础设施的发展，因此很难达到产业层面上的消费规模。因此，接下来的分析主要是从城市消费群体的视角出发，但其得出的结论也应与经济增长后的农村竞技体育消费群体相匹配。

## 一、竞技体育消费的含义

消费不仅是社会和经济活动的基本行为和流动，也是社会和经济生活的重要组成部分。从广泛的角度来看，消费可分为两类：生产消费和日常消费。生产消费描述了工具、原材料、燃料和能源的磨损，以及工人在制造材料过程中的身心力量。然而，作为生产对象的这种使用和消费是生产过程的一部分，因此通常包括在生产范围内。所谓的日常消费，是指人们为了满足日常生活的需求，将他们生产的各种生活用品（如物质、精神和服务项目）投入到各种行为和流程中。生活中的消费行为对于人们的生活和成长是不可或缺的，通常我们所说的消费，实际上是指个人在生活中的消费。

人们在日常生活中的消费行为是多种多样和丰富的。从各种不同的视角来看，有些消费行为是为了满足基本的生活需求，有些则是为了满足生产活动，还有的则是为了追求更高的生活享受。

在商品经济背景下，由于人们通常以现金形式代表消费收入，因此，个人消费行为通常出现在现金支付过程中，也就是说，人们通常通过付款来购买商品，以满足消费者的各种需求。不同的消费者需求决定了他们在市场上的平衡地位。

关于消费者的行为，存在两种平衡的理论：首先，是基于基数效用论，并采纳边际效用的分析方法；其次，该研究是基于序数效用论构建的，并运用了无差异曲线的分析方法。这两个消费需求均衡的理论都遵循一个核心原则，那就是消费行为的根本目的是通过有限的货币收入来实现最大限度的经济福利，也就是说，达到最大的效用或满足，它基于以下几个前提假设：

（1）把商品视为在一定时间内提供的一种消费性服务流量，以利于处理商品和劳务、耐用商品和非耐用商品之间的差异。

（2）假定消费者具有与消费决策有关的一切信息和知识，既了解商品特性和市场状况，又了解自己的收入状况。

（3）消费是建立在消费者的偏好选择之上的，在关于消费者对商品的偏好问题上，则又有如下假定：①我们假设消费者可以对比他们对各种商品组合的喜好程度。②假设消费者对于商品组合的喜好是可以传播的，也就是说，如果消费者对一组商品的偏好超过了对另一组商品的偏好，而对另一组商品的偏好又超过了对 C 组商品的偏好，那么他们对一组商品的偏好将超过对 C 组商品的偏好。③假设消费者对于商品组合的喜好程度与该商品组合的实际效用是正相关的。④假设消费者对于商品组合的喜好程度与商品组合中的商品数量是正相关的。

因此，基于基数效用的消费者需求均衡理论的中心思想是戈森第二法则，这意味着当支付给任何商品的最后一个货币单位的边际效用相同时，消费者从有限的偏向性收入中获得的效用是最大的。为了最大限度地满足自己的享受需求，人们在达到最大享受之前，必须先部分地满足所有的享受，并且要按照这样的比例来满足，也就是说，每一种享受的量在其满足被中断时，都要保持完全相等。因此，通过物品或服务的互换，双方的期望都可以得到满足，从而建立了需求满足的部分与整体之间的效益关系。

基于序数效用的消费需求平衡位置是由无差异曲线图与预算线之间的交点来确定的。主要观点分为两个方面：首先，人们认为商品的实用性是无法量化的，与此相似，消费者追求的最大满足也是无法量化的。其次，真正与需求满足紧密相连的不是购买的某一种商品，而是众多其他商品。

因此，商品的实际效用并不是由该商品本身的数量决定的，而是与所有其他相关商品的效用有关。基于此，我们可以得出这样的结论：不同商品间的相互关系可以分为互补性和替代性两种。这种关系的强度是由消费需求的均衡位置序列所决定的，从而产生了需求满足的第一、第二排队效用关系。

在这里，我们再次探讨"消费一般"的议题，旨在协助我们更准确地评估竞技体育消费在城市消费群体中应当占据的位置。

## 二、竞技体育消费的含义

体育支出是指人们在观看体育运动上的支出，这主要是通过金钱支付的，例如，人们购买门票观看足球比赛。竞技体育的消费不仅是日常生活的一部分，而且竞技体育的大部分消费实际上是服务消费中的精神和文化消费，这取决于竞技体育产品本身的特点。

消费在社会生产的整体流程中占据了关键位置，它与生产、交易和分配共同形成了一个相互关联和相互制衡的社会生产流程，确保了社会生活的正常进行。马克思曾经指出："如果没有生产，消费就不存在；但如果没有消费，生产也就无从谈起，因为这样的生产缺乏明确的目标。"生产影响消费，而消费又对生产产生反馈，这是马克思主义经济学中的核心观点。

在社会生产关系中，社会消费关系占据了一个核心位置，它反映了人们在经济互动中的各种社会行为与流程。此外，在特定的社会背景下，个人的消费习惯、消费模式和消费需求都受到社会生产力和经济增长速度的影响，通常双方朝着同一方向发展。随着社会生产力的快速发展和经济的快速增长，人们对消费品的需求、消费模式、消费和消费水平的形成，如增长、转型和升级，也在加速。

生活消费是指人们使用和消费消耗品时，人与物、物与物之间交换材料的过程。

从满足人们需求的效率角度来看，消费可以分为食物、衣服、住房、使用、交通等。从消费品的价值来看，它们可以分为低端、中端、高端和其他类别的消费品。从满足人们需求的角度来看，消费可以分为三个方面：物质、精神和工作。在这方面，通过消费食物、衣服和住房等各种基本生活必需品来实现生活消费。这种消费是恢复体力和精神力量，保持繁殖劳动力是必要条件，是一种低消费水平。消费发展是通过消费各种与发展相关的材料来实现的，这些材料对于增强人们的身心力量以及开发他们的物质和智力资源是必要的，而这些资源被认为是中高水平的消费行为。消费的享受是通过消费各种与享受相关的物质来实现的，这是确保人们感到更加舒适和快乐、促进身心健康和享受消费生活之美的先决条件，是高水平的消费。显然，很难完全区分这三个要素，它们的局限性是相对的，并且可能会发生变化。然而，在一定时期内，观察到它们之间存在显著差异。

## 三、竞技体育消费属性

竞技体育的消费反映了达到一定发展阶段的社会生产力的结果。竞技体育消费不仅是个人在满足生活基本需求后为实现最佳发展和享受而采取的消费者行为，而且是利用休闲时间以及日常工作和家务劳动创造的消费模式。体育消费不仅是社会消费和娱乐的主要渠道之一，也是竞技体育消费的重要组成部分。个人休闲消费（即休闲消费），竞技体育消费占据重要地位，是社会中不可或缺的大型消费结构或分支。因此，在个人消费的日常生活中，竞技体育消费是发展和享受消费的重要组成部分。在现代社会，随着闲暇时间的逐渐增加，体育和娱乐活动已成为时尚的流行选择。因此，体育消费的目的是追求文明、健康和有意义的生活方式，以提高生活质量。体育消费的增加和持续增长反映了社会文明的进步。随着体育消费的持续增长，竞技体育消费成为体育消费发展的主流，在体育消费中占据着重要地位。

### 四、竞技体育消费的特点

根据大城市中的抽样调查，中国目前对于体育的消费可以划分为四类，分别是微消费、弱消费、强消费、高消费。

受时间和其他因素的制约，本次调查主要关注竞技体育的消费观念，并没有进行全方位的竞技体育需求分析，但所展现出的特点应当具有普遍性。

### 五、竞技体育消费具有迫切性

竞技体育消费主要是为了满足人们的发展和享受需求，这在生活中是不必要的，因此也不紧迫。当人们决定是否进行竞技体育时，完全取决于个人喜好、兴趣和偏好。对服装、食品、住房、交通等消费品的需求非常紧迫，尽管个人利益和爱好可能会影响消费水平，但这无法决定消费是否会发生。

### 六、竞技体育消费具有能力差异性

竞技体育中的消费能力是指消费者在消费的一个方面所拥有的知识和

技能，以及如何有效地从目标消费中受益。在竞技体育的消费中，人们需要消耗其独特的能力。为了真正享受竞技体育的乐趣，具有一定体育文化的人必须拥有与体育比赛水平相匹配的知识、经验和技能。

## 七、竞技体育消费具有冲动性

与物质消费相比，竞技体育消费表现出显著的增长，这主要是由于竞技体育服务产品的独特性质。在购买实物产品时，消费者可以通过直接接触、监控、测试和比较来了解产品的特性。在竞争之前，只有根据之前对竞争性体育的了解，才能预测竞争性体育产品服务的吸引力。

## 八、竞技体育消费具有不均衡性

由于经济增长水平、人口集中、文化遗产、日常生活方式、个人利益等多种因素，消费者在不同时间和不同地区对有竞争力的体育用品的需求在数量和成分上明显失衡。例如，大型和中型城市通常设有竞技体育比赛场地，城市居住者可以亲临现场观赏激动人心的赛事，但在乡村和其他偏远地方，人们只能通过电视和广播来观看；出席的观众中，男性的数量可能较多，而女性则相对较少；在一个城市，人们更倾向于为足球比赛支付费用，而在另一个城市，篮球可能受到更多的关注，这导致了不同比赛项目的观众和潜在消费者数量存在显著差异。

## 九、竞技体育消费与经济增长的特殊关联性

竞技体育的消费不仅是一种发展，也是一种享受。随着经济水平的提高，人们的收入也会相应增加，只有这样才能负担得起竞技体育的消费。

只有当经济得到发展，服务业得到充分发展，人们的闲暇时间才会增加，人们才能有足够的时间和心情参加竞技体育消费。因此，竞技体育消费与当前的经济增长水平显著相关。

## 十、竞技体育消费的文明进步性

竞技体育的消费反映了人类社会的文明水平，是社会发展的重要象征。这种消费模式以物质消费为基础，限制了物质文明。然而，由于竞技体育是人类创新的独特成果，它代表了人类文明的进步，因此其意义远远超出了物质文明。参加竞技体育消费不仅可以增强审美品位和能力，而且在现代社会中，它已成为人与人之间交流的重要手段，有助于促进社会的凝聚力。从这个角度来看，竞技体育的消费者行为更多地反映了一个国家或城市的社会和精神文化，而不是单纯的物质消费。

## 十一、竞技体育消费的分类

竞技体育消费的分类，反映了前述特点的集合。

竞技体育消费总需求。在特定的时间段内，国家对竞技体育消费的实际和潜在数量的有支付能力的总和，主要是受到国家的政治和经济背景所影响的。

群体消费与个性消费。反映了相关人群的消费水平和集体消费行为的数量和持续性的消费需求，主要是受到文化价值观和消费习惯的影响。

合格消费与潜在消费。所谓的合格消费，是指那些既具备欣赏竞技体育的资格，又具备接受和处理此类消费能力的行为；潜在消费的行为确保了这种合格消费的规模和数量。

地区消费。竞技体育消费的要求，反映了人文环境和价值认定的决定，这取决于空间范围的划分，也是实施竞技体育市场细分的基础。

## 第二节　竞技体育消费需求的数量分析

对竞技体育的需求量进行分析是至关重要的，并伴随着多种分析手段。然而，鉴于国内外对于体育和竞技体育的认识和产业分类存在差异，统计方法不尽相同，资料积累有限，实地考察也面临诸多挑战。因此，我们建议采用更为简洁的数量分析手段。

### 一、竞技体育消费需求的价格弹性

竞技体育需求的价格弹性同样是指需求量变动的百分比与价格变动的百分比之间的比率关系，用 Ep 来表示，公式为：

Ep＝某项目需求量变动百分比/该项目价格变动的百分比

我们无法判断竞技体育需求弹性的价格是高还是低，因为弹性价格也可能根据不同的假设而有所不同。例如，在不同的活动和竞争水平中，价格弹性可能会有很大差异，尤其是在精彩或罕见的游戏中，消费者通常会对价格反应更慢。消费者对竞技体育的偏好程度会有所不同，因此需求弹性也会不同于超级体育爱好者，同样出色的游戏对价格的需求弹性相对较小。如果有许多体育名人参与比赛，消费者需求的弹性价格可能会受到影响。

通常，价格波动会导致需求的反向波动，从而使弹性系数显示为负。弹性系数的绝对值，而不同的需求曲线显示出不同的价格弹性特征。鉴于对各种竞技体育服务的需求存在差异，这也会导致需求曲线出现不同特征，所以需求的价格弹性也有 Ep>1、Ep＝1、Ep<1 三种情况。

当需求价格更具弹性时，价格可能会出现一些波动，从而导致需求发生更多变化，即 Ep>1。普通的竞技体育赛事，如足球中超联赛、CBA 和乒乓球职业赛等，其价格弹性通常都相对较高。

结果表明，当需求价格弹性降低时，竞技体育产品的价格会出现一些波动，但这种需求波动相对较小，即 Ep<1。体育比赛的质量和稀缺性通常是其决定性因素。

## 二、竞技体育需求的收入弹性

竞技体育所需的收入弹性描述了需求量变化的百分比与收入变化的百分比之间的比例关系，用 $E_m$ 表示，公式为：

$E_m$＝某项目需求量变动百分比／该项目消费者收入变动的百分比

与需求弹性价格一样，不同的先决条件也会导致收入需求的弹性，消费者处于不同的收入阶段，收入需求的弹性也会有所不同。在同一场比赛中，不同收入水平的消费者有不同的竞争需求。然而，由于人们对体育比赛有不同的兴趣，即使是在相同的竞争和相同的收入水平下，也可能产生不同的消费需求。因此，我们不能简单地根据收入水平来划分需求水平，应该考虑引入收入弹性分析方法。

通常，如果我们可以确定兴趣水平，那么收入弹性与收入量呈负相关，这意味着 m 弹性系数是负数。弹性系数的绝对值，而不同的需求曲线显示出不同的价格弹性特征。由于对各种竞技体育服务的需求不同，需求曲线的斜率也会有所不同。因此需求的价格弹性也存在 $E_m$>1、$E_m$＝1、$E_m$<1 三种不同的情况。

出现的情况是需求和收入更加灵活，当人们进入时，情况会发生变化，需求也会发生更明显的变化，即 $E_m > 1$。普通的竞技体育赛事，如足球中超联赛、CBA 和乒乓球职业赛等，都具有相对较大的收入弹性需求。

在收入弹性需求下降的背景下，人们的收入波动导致需求下降，也就是 $E_m < 1$。体育比赛的质量和稀缺性通常是其决定性因素。

## 三、竞技体育消费需求收入弹性的应用

分析收入弹性也是在商业价值开发过程中一个至关重要的步骤，特别是在当前中国收入水平存在不均衡的背景下，研究收入弹性显得尤为关键。由于注意力可以弥补收入下降导致的消费下降，我们决定根据兴趣和收入将目标消费者分为四个不同领域。从中我们可以看出，竞技体育的消费者可以根据收入弹性分为四类。其中Ⅰ区的特点是：关注度最高，公众收入高，收入弹性相对较低。在Ⅱ区，观众的关注度很高，但他们的收入水平相对较低，因此收入弹性较大；在Ⅲ区，人们的关注度相对较低，观众的收入也不高，但收入弹性仍然适中；在Ⅳ区，观众的关注度相对较低，但他们的收入水平较高，且收入弹性表现得恰到好处。

在Ⅰ区，鉴于公众关注度高和收入水平高，收入弹性可能会显著下降。在收入和兴趣相对较高的背景下，收入波动对具有竞争力的体育消费品需求影响有限。这类观众主要是中上层体育爱好者，其中大多数是白领青年，他们对体育运动有浓厚兴趣。因此，对竞技体育消费品的需求非常大，这是一种与Ⅰ区不同的竞技体育。根据当前的发展趋势，越来越多的高收入人群开始倾向于参加高尔夫、网球、台球等崇高的体育活动。此外，尽管其收入相对较高，但收入波动几乎不会影响对体育用品的需求。

在Ⅱ区，公众关注度相对较高，而收入水平相对较低。由于这种兴趣

可能会刺激消费需求的增长，因此收入弹性应该适度，而不是过度。这主要是为那些热爱体育和竞技体育的人，尤其是一些竞技俱乐部，他们的忠诚度很高，而不会因为收入低使竞技体育消费减少。这类观众主要来自城市地区的中低收入阶层，其中包括一些对竞技体育有浓厚兴趣的体育爱好者，尤其是一些更受欢迎的体育赛事，如足球、篮球等，都有浓厚的兴趣。

Ⅲ区的观众关注度相对较低，与此同时，观众的收入并不高。这种类型的受众、适度的收入弹性、收入的增加或减少对消费者需求量具有决定性影响。首先，他们不热衷于消费竞技体育；其次，由于收入限制，他们无法充分投资于竞技体育的消费。这类观众主要是非体育爱好者，为了扩大竞技体育的消费，吸引和增强他们对竞技体育赛事的兴趣是一种非常有效的策略。

对于Ⅳ区的观众来说，尽管受到关注，但观众的收入相对较高。这类观众的收入具有适度的弹性，主要是由于消费品需求的变化而变化，其收入以相同的比例下降。这类观众主要来自非体育爱好者的高收入群体，一方面由于时间限制，另一方面由于其他替代消费方式，他们并不特别热衷于消费竞技体育。对于这类消费者来说，可以通过开发和推广满足其需求的竞争性体育赛事来吸引他们的注意力，这将有助于提高商业价值。

## 四、竞技体育需求的交叉弹性

竞技体育为消费者提供了精神上的满足和快乐，但在现实生活中，仍然有很多服务和产品可以满足消费者的类似需求。因此，在发展竞技体育产业时，您应该充分考虑这些可能带来替代效果的替代方案。竞技体育需求的灵活性是衡量替代娱乐影响的重要指标。

### 五、竞技体育需求交叉弹性的概念

从对竞争性体育用品的需求来看，音乐会、电影、戏剧和艺术展览等其他文化和娱乐服务可以替代竞争性体育用品。这些文化和娱乐服务不仅满足消费者的精神需求，而且价格波动也会影响竞技体育产品的消费。

通过体育需求弹性，描述了体育用品需求变化率与替代产品价格变化率之间的关系，这种关系可以用 $E_x$ 来表示，公式为：

$E_x$ = 某项目需求量变动的百分比/替代项目价格变动的百分比

同样，我们的分析基于具体假设。虽然其他变量保持不变，但我们认为需求量的变化与替代品价格的变化正相关，即替代品价格的上涨和产品需求的增加。在 $0<E_x<1$ 的情况下，交叉弹性表现为较小；在 $E_x>1$ 的情况下，交叉弹性显著增加。

从本质角度来看，一方面，价格较低的产品或服务价格往往高于重置价值。另一方面，忠诚是一些竞技体育赛事或特定俱乐部（团队）的关键因素。

从限制因素的角度来看，商品或服务更加同质化，替代性更强，灵活性更强。不同类型的竞技体育活动是这种替代关系的一部分。如果竞技体育赛事的价格下跌，那么对消费品的总需求将显著增加。当商品或服务存在显著差异时，商品或服务之间的替代品将相对较低，整体灵活性将下降。

通过竞争性体育需求的灵活性，基本上适用于确定竞争优势。当其他替代品的价格波动可能会增加或降低竞争力时，体育运营商必须谨慎判断，设定正确的价格，并实施适当的营销策略，以实现业务回报最大化。

# 第三节　竞技体育产业的属性

　　将竞技体育作为中心，并围绕各种运动项目进行产业拓展，便构成了竞技体育产业。竞技体育产业所提供的核心产品是各种赛事，而提供的服务则是该产业的核心特质。高质量的赛事不仅能激发公众对体育的消费热情，还能进一步推动整个体育产业的健康发展。

　　通过观察竞技体育的发展过程，我们可以看到中国竞技体育产业经历了三个主要阶段：第一阶段是酝酿阶段（1979~1991年），在改革开放的背景下，体育社会化，竞技体育是从国家领导到社会领导的商业模式。第二阶段是初始阶段（1992~1996年），伴随着社会主义市场经济的建立、结构，竞技体育逐步走向市场、专业和客观的发展方向。1997年至今，是发展的第三阶段，竞技体育产业作为国民经济增长的新动力，受到了政府和社会的密切关注。同时，通过以不同方式运营资本，体育产业的发展步伐加快，体育产业的管理和运营统一。

　　当研究竞技体育产业的消费需求和商业价值时，我们才会认为这是有意义的。综合考虑，研究团队持有这样的观点：竞技体育，作为体育活动中的关键部分，代表了以比赛和竞技表演为核心的各种体育活动，这些活动共同构成了竞技体育产业的核心特质。如今，体育比赛的种类繁多，既有全球性的，也存在地域性的；既包括综合性的，也涵盖单项性的；既有与职业相关的，也存在与职业无关的。奥运会是国际体育领域中赛事种类最丰富的盛事，各个国家和地区都设有各式各样的体育赛事，其中足球、篮球和田径等是最具代表性的专业竞技项目，它们都展现出了国际化和标准化的特点。竞技表演不仅是竞技体育娱乐和休闲活动的一部分，内容也相当丰富。然而，它更多地与特定国家、民族、传统习俗以及赛事活动的目标有关，主要表现为单项性的竞技表演。

## 一、竞技体育产业形成的条件及标志

竞技体育产业的主要产品是竞争性表现服务，市场主要由参与竞技体育的消费者组成，而竞技体育市场构成了竞技体育产业可持续发展的基础。市场研究主要关注对有竞争力的体育消费品的需求。竞技体育的市场规模决定了消费品的需求量。因此，如何有效引导和满足消费品需求，不仅是基于竞技体育的发展，也是长期发展目标。

在国内，关于竞技体育消费需求的研究文献相对较少，定性研究的数量超过了定量研究，并且大多数研究都集中在整体的体育消费需求上，很少有针对竞技体育消费的独立分析。

关于竞技体育价值的研究相对较少，尤其是在商业领域。国外科学家通常直接讨论竞技体育的直接影响，但深入讨论的价值并不高。然而，关于竞技体育价值的研究相对较少，目前我国的《体育概论》和《体育理论》等教材主要集中在竞技体育的功能上，但它并不涉及体育比赛的实际价值。尽管目前关于竞技体育价值的文献相对较少，但研究人员从运动员的角度探讨了竞技体育的价值。他们认为，竞技体育的价值主要在于目标的价值，运动员工具的价值成为价值中心。竞技体育的价值体现在许多方面，例如主观性、客观性、多维性、统一性、社会性、及时性等。

有学者持有这样的观点：体育的价值实际上是体育文化的一部分。体育文化涵盖了广泛的日常文化活动，为人们提供了各种现实和基本的文化消费选择和消费模式，不同水平的消费可以找到他们最喜欢的消费模式。只有满足对体育消费品的需求，体育的真正价值才能对社会产生深远影响，也可以对公众和健身爱好者产生重大影响。

我们认为，竞技体育本质上是一种服务，是社会生产实践，以满足竞技体育的消费需求。只有在满足这些消费需求的前提下，我们才能真正谈论竞技体育产业的价值和商业价值。在总结竞技体育带来的经济、社会和功能的基础上，将竞技体育产生的经济和社会价值与工业投资和市场管理相结合，不仅在对竞技体育产业进行意义研究的基础上，而且还在继续发展和创新竞技体育价值理论的基础上，寻找竞技体育的商业价值。

## 二、基础平台：市场经济体制

竞技体育是否能够成为一个产业，除了需求和商业价值这两个核心和基本因素之外，国家的基本经济体制也是一个同样重要的因素。在当前的市场经济结构下，我们可以更高效地利用社会资源，使竞技体育的需求更为集中，并更深入地挖掘其商业潜力。因此，市场经济的结构和其进一步的完善，为体育产业化和竞技体育产业的增长提供了坚实的制度支撑。实际上，体育产业化这一概念是在我国开始实施改革开放政策，并在社会主义市场经济体制的背景下被提出的。

## 三、发展取向：产业化

体育产业化是指将中国体育事业的基本运营模式转变为市场经济的基本需求，这是竞技体育产业形成的制度条件。体育产业化代表了一种观念上的刷新，体育领域不应仅仅被视为社会福利的一部分，而应被视为具有生产性的部门；尽管体育事业需要资金投入，但它同样带来了相应的回报；

体育领域不只是追求社会价值，同样也注重经济回报；政府的管理机构有责任确保国家的资金投入能够转化为国有资产，并努力实现资产的保值和增值。因此，企业和民间在体育方面的投资必须注重经济效益和投资回报。总体而言，体育事业的资金投入具有公共或半公共产品的特性（包括竞技体育领域），但体育产业追求利润的本质也是不可否认的。

体育产业化代表了一种机制的变革，它构成了竞技体育产业发展的核心前提。为了发展体育产业，我们需要学习、应用并遵循市场经济的基本规则和操作机制，同时依赖经济和法律手段来推动体育产业的成长，并通过市场机制来增强体育产业的造血能力，以实现其固有的价值和商业潜力。在这一过程当中，政府与企业都应明确自己的职能和角色。

体育产业化不仅是一个明确的方向，也是一个持续的过程，这构成了竞技体育产业发展的实际环境。体育产业化的进程并不是一蹴而就的。具有条件、实力和市场需求的项目可以尝试，而那些没有条件的项目可以等待一段时间，但我们的目标是继续朝着工业化的方向发展。在这一过程当中，政府应当通过制定相应的制度和政策来进行指导，而企业则需要具备高度的风险意识。

基于对上述三个条件的共同理解，我们持有观点：竞技体育应当是首个被激活的领域，有潜力成为推动体育产业向前发展的引擎。竞技体育不只是体育产业的中心，它还拥有广大的经济和社会背景，可以带来显著的示范作用和广泛影响。

## 四、竞技体育产业形成的具体条件

因此，要使竞技体育发展成为一个产业，不仅需要社会生产力达到一定的发展水平和体育产业化的方向，还需要满足以下三个具体的条件：

第一，对竞技体育的需求已达到一定水平。竞技体育产业的生存首先取决于社会对竞技体育的需求量，以及社会对竞技体育的需求是否能使竞技体育成为一个特殊产业。体育产品不仅是它所拥有的材料，也是开发材料，它们是高水平需求的目标。只有在达到一定的经济增长水平、人均收入和基本物质需求得到满足之后，才能增强获取和发展信息的需求。只有当人们在实际需求中需要竞技体育时，它才能成为一个独立的产业。

对于竞技体育的需求，"一定"的数量可以解释为：首先，需要确保竞技体育组织者在运营过程中的财务平衡。其次，需求者的积极参与可以极大地激发运动员的热情。如果比赛现场的观众上座率超过了100%（并且有大量观众购买门票），然后，运动员将表现出强烈的表演欲望和战斗精神，由于炎热的天气，这使得比赛更加精彩。相比之下，如果参加人数较低，运动员对比赛的热情可能会显著下降。如果这种情况持续下去，俱乐部的运营可能会受到严重影响。最后，由于竞技体育的作用，观众的需求已经从单纯的观众转变为真正的参与者。在竞技体育产业中，观众与运动员之间的互动非常明显。与此同时，消费者观看和参加竞技体育的需求也在相互加强。经常密切关注某些体育赛事不仅可以激励人们尝试的欲望，还可以激励人们积极参与更深层次的愉悦体验。通过这种方式，人们可以不断从这个项目中获得更深入的了解，从而产生积极的血液循环刺激作用，进一步增强对竞技体育的需求和欣赏力。

第二，对竞技体育的经济投资已达到一定水平。如果体育运动想成为一个独立的产业，那么它必须有一定的规模，并且需要一个最简单投入和输出的产业。鉴于竞技体育基础设施和高技能运动员的培训需要大量资金，竞技体育被认为是一个风险相对较高的产业。在需求选择受到限制的情况下，竞技体育产业的每个部分并不总是能够盈利。因此，只有当一个国家的经济达到一定的发展水平，拥有足够的经济实力，增加对领先公司的投资，增强私人投资能力，才能在竞技体育领域获得足够的经济资源，从而在独立产业中发展竞技体育。

在对竞技体育产业的经济资源进行投资时，至少应满足两个基本条件：首先，确保产业内部资源的有效整合。为了维持竞技体育产业的正常运作，一些资源应专门用于大型体育场馆和体育俱乐部的建设等项目，而其他资源可与其他行业共享。其次，需要付费以确保竞争激烈的体育市场的正常运作。为了使竞技体育成为一个独立的产业，我们必须深入挖掘该产业的盈利潜力，增强其资金生成能力，确保其产出能够满足投资和运营所需的资源。考虑到某些项目需要大量的资金投入且效果显现缓慢，国家在项目初期可能会给予一些政策性的支援，甚至可能需要提前的资金投入，但项目的最终目标仍然是向独立的产业领域发展。

在竞技体育的产业化进程中，存在三种不同的发展模式：职业化、半职业化和非职业化。职业化意味着，在竞技体育产业中，那些具有高营利能力和早期营销项目的人已经达到了收入和支出之间的平衡，可以通过市场机制有效吸引各种资源，进入稳定和正常的发展阶段。半职业化是指达到一定规模的项目，可以部分补偿，但目前无法完全独立运营。经过一段时间的培训和发展，这些项目可能会进入专业过渡阶段。虽然对一些体育赛事的需求不是很大，但它们仍然具有竞争价值，通过市场方式，尤其是在扩大消费市场方面，有可能实现真正的专业化。这三种模式可能不仅代表垂直制造过程中特定项目的不同发展阶段，还可能是制造不同阶段的许多体育赛事所共有的。

第三，竞技体育已经达到了非常高的水平和规模。为了塑造竞技体育产业，我们需要大量训练有素、技术熟练的运动员，他们可以为观众带来高质量、有价值的竞争表现。此外，还有一大群"体育爱好者"，他们对体育运动充满热情，赞助竞技体育，并愿意享受体育赛事，即所谓的"供应商"和"买家"，这与一个国家的体育传统没有密切联系，但也取决于竞技体育产业发展的持续培训和创新。

从提供有竞争力的体育产品的角度来看，建立有竞争力的体育产业取决于体育表现的水平和规模。在横向层面上，竞技体育产业提供的产品应该非常有吸引力和装饰价值，可以吸引广大消费者的注意。从规模的角度来看，对竞技体育产品的需求量不应局限于一小部分地区或一些消费者。为了增强竞技体育产品的吸引力和影响力，我们需要采取营销策略。从消费者的角度来看，建立竞技体育产业需要坚实的消费基础，依靠"爱好者""成熟"和"保守"的共同努力来保持持久的活力。这主要是因为一些先驱最初倾向于支持一些竞技体育的发展，但产业的形成仍然取决于消费者越来越多的支持。其中，对竞技体育的热爱，对竞技体育的持续消费，对竞技体育的持续热情，是竞技体育消费者群体的主要力量。此外，在竞技体育产品的供应商和消费者之间建立良好的互动关系是竞技体育可持续发展的关键，这种联系也是制造过程中竞技体育最重要的方面。这揭示了竞技体育产品供应商和消费者之间的关系：我们可以观察到竞技体育产品供应商和消费者之间的互动。它涵盖了三个基本含义：首先，竞争性体育产品的供应商在市场上提供这些产品，竞争性体育产品的消费者在市场上购买这些产品，从而在供应商和消费者之间建立交易模式。其次，竞技体育的消费者在购买竞技体育产品时，这些产品的供应商将提供生产（代表资金流动的虚线）所需的资金。最后，提供竞技体育产品通常用于其他类型的竞技体育产品，例如篮球运动员和观看足球比赛的人。

## 第四节 竞技体育产业发展的基础

竞技体育的消费市场主要分为两大类：一种是纯粹的商业竞争，旨在盈利并满足社会观看体育运动的需求，包括各种职业锦标赛、大奖赛、巡回赛和争夺霸权的竞争。另一种旨在提高体育技能和发展体育文化的运动会，但这些运动会主要基于市场机制，例如奥运会、亚运会和国家运动会，以及各种奖杯和锦标赛。

无论竞争形式如何，它都与消费者建立了货币兑换关系，本质上是装饰价值和商业价值之间的相互作用。观看体育比赛的价值与商业价值密切相关。其中，观看体育赛事作为基石的价值，直接影响着观看体育赛事在市场上的价值能否体现和实现。只有当市场提供高质量的"产品"时，您才能获得最大的装饰价值升级。

此外，无论体育比赛水平如何，如果它不能在证券交易所得到认可，那么它的价值就无法显现。因此，与其他类型的市场一样，如果消费市场的体育竞争缺乏需求，那么装饰价值就无法完全反映出来，市场吸引力也就丧失了。如果没有市场，业务就不可能发生，商业价值也不可能发生。消费品需求多样化可以刺激另一方（即供应方）的市场参与者实现高质量发展。在竞争激烈的体育消费市场的供需之间，任何一股力量都可以构成市场的高度发展。目前，中国竞技体育的总消费需求对竞技体育产业的发展产生了重大影响。

最新的研究数据显示，中国正式推出 96 项体育赛事，从市场受欢迎程度可分为三大类。第一类，足球、篮球、排球等小型项目已经形成了一定的市场规模，吸引了相对稳定的观众。在第二类中，有 1/3 的项目已经开发，逐渐塑造了其传统，并为其在市场中的立足之地或初步形态奠定了基础。尽管近 2/3 的第三类项目也在进行市场化操作，但它们的进展仍然非常缓慢。尤其值得注意的是，尽管中国的某些奥运优势项目为国家赢得了荣誉，但这些项目在竞赛中并没有市场份额。

因此，中国应进一步加强对国内外体育比赛的管理，增加对体育设施的投资，提供优雅、舒适和愉快的服务环境，使竞技体育继续产生新的"亮点"，逐步实现其应有的商业价值，使更多项目的竞技水平、相关市场运营能够迎头赶上或超越发达国家。

在我们的观点中，竞技体育产业代表了竞技体育活动为社会提供的有形和无形服务，这些服务是以职业化、专业化和商业化为目标的。多个提供竞技体育服务的组织，根据其企业特性，为市场提供了竞赛、表演项目和其他相关服务，从而形成了一个完整的组织结构。以足球产业为背景，像职业俱乐部、足球场地的投资方和运营者，以及竞赛的中介服务机构等具有企业特性的体育实体，共同组成了最基础的足球产业。

# 第八章　休闲体育产业的发展与市场化运营

## 第一节　休闲体育产业的基本理论

### 一、休闲与体育

休闲是指在工作和劳动之外，人们通过各种"娱乐"活动来达到身心的平衡和放松，从而实现生命的健康、体力的恢复和身心的愉悦，这是一种业余生活方式。休闲活动正处于一个不断演变和发展的阶段，不同的人群有各自不同的休闲选择和方式。随着社会进入不同的发展时期，休闲活动的含义也会发生变化。然而，从宏观角度来看，休闲活动更多地关注于心情的舒缓和愉悦，压力的释放，以及个人情感的满足和安慰。科学合理的休闲活动可以帮助人体在体力、智慧和情感等多个方面进行调整。休闲，作为一种至关重要的生活习惯，展现了其不可替代的价值和功能，它有助于促进身体和心灵的全方位成长，丰富了人们的日常生活体验，并提升了人们的生活品质。

体育代表了人类在日常生活和生产中逐渐形成的一种以身体活动为核心的独特文化。它不仅具有多种特性和功能，如健身、搏击、游戏和娱乐等，而且对人的身体健康和休闲生活都产生了积极的推动作用。体育活动要求人们直接参与，通过各种体育锻炼活动，可以恢复和提升人们的各种素质。

体育的存在并不仅仅是为了休闲娱乐和愉悦，它的终极目标是促进人的身体健康和全面发展。随着人们在日常生活中闲暇时间的逐渐增加，体育作为一种休闲娱乐活动，在长时间的生活实践中逐步得到了人们的认可和接受。体育作为一种休闲和娱乐的手段，逐步得到了普及，并逐渐演变为现代的休闲体育活动。

## 二、休闲体育产业

### （一）休闲体育产业的概念及含义

在娱乐业的各个组成部分中，娱乐体育业占据着核心地位。休闲体育产业的定义是，为了满足人们对休闲体育的需求，向人们提供各种用品、服务和设备。从某种角度来看，休闲体育产业可以被视为旨在满足人们对休闲体育需求的行业。

休闲体育产业这一概念涵盖了多个方面的解释，具体内容如下：

（1）休闲体育用品和休闲体育服务是休闲体育产业提供的两类主要产品。

（2）休闲体育产业向人们提供休闲体育产品，主要是为了实现休闲体育消费，这表明休闲体育产业提供的产品方向明确。

（3）人们通过付钱和购买休闲体育产品来满足他们的休闲体育需求，这是一个消费过程。

（4）休闲体育的一个特点是，体育是生产和提供休闲体育产品的主要方式和手段。

（二）休闲体育产业体系构建

休闲体育产业作为休闲产业的核心部分，主要分为两大板块：休闲体育用品产业和休闲体育服务产业。

## 三、休闲体育产业的功能

休闲体育产业，作为一个新兴和充满希望的产业，其功能和影响可以从多个维度来展现。休闲体育的内涵是休闲体育产业的一部分，因此，休闲体育的功能也是休闲体育产业所具备的功能。除此之外，作为一种特定的产业，其经济作用也构成了休闲体育产业的一个核心功能。

（一）健身功能

经过实践检验，经常在空闲时间参与休闲体育活动被证实是维护身体健康和增强体质的一种高效手段。随着人们年龄的逐步增加，身体可能会经历各种衰老过程，这也可能导致多种疾病的出现。研究表明，在从事脑力劳动的人群中，动脉硬化的发病率为14.5%，而在从事体力劳动的人群中，这一比例仅为1.3%。我国传统的养生学始终高度重视运动在人体健康中的核心地位。研究人员对40名长时间参与跑步的中老年人进行了研究，结果显示他们的疾病发生率相对较低，而心肺的退行性改变可能会延后10年或更久。正因为经常参与合适的长跑活动，他们的心肺功能得到了明显的提升，并对身心产生了积极的调节作用。

随着社会的进步，"职业病"和"文明病"的数量持续上升，大众对身体健康的价值有了更深的认识，"运动是生命的关键"这一观点也逐步得到了广泛的认同。在我们的日常工作和生活中，休闲体育的重要性和作用日益受到人们的关注，他们在闲暇时参与各种体育活动，希望通过这种方式来补偿或消除运动不足带来的不良后果。参与这些内容丰富、形式各异的休闲体育活动，可以帮助人们获得健康的身体和愉快的心情。

人们对休闲体育的持续关注，与它所拥有的独特性质有着紧密的联系。从宏观角度来看，我国在竞技体育、学校体育和群众体育的进展中，都存在某种程度的强制性。但在实际操作中，我们需要从传统的封闭体育模式转向更为开放的体育模式，并从计划体育向市场体育进行转型。在这样的背景下，"终身体育"和"健康至上"的理念逐步得到了大众的认同和接纳。"终身体育"这一理念和观点能够得到广大群众的认同，与人们对健康的追求是分不开的。作为其理论支撑，它对于提高人们的健身意识起到了积极的促进作用。此外，休闲体育通过其趣味性和娱乐性成功地吸引了公众的注意，进一步激发了人们对休闲体育和健身活动的浓厚兴趣。

休闲体育活动作为一种能够丰富人们精神和文化生活的活动，具有不可忽视的重要性。它具有激发人们过多精力和缓解疲惫的能力；净化人们的情绪，减轻人们的心理负担；目的是让人们回馈社会，因此，感觉更加成功和充实，增强了人们在个人和社会关系中的适应能力。此外，休闲体育活动内容丰富，形式各异，不需要高水平的设施和设备，对艺术运动没有严格要求，可以很有趣，还可以与观众互动参与。在参加休闲体育活动时，没有团队的身份或地位，也没有职业、性别或年龄，任何人都可以在闲暇时间找到乐趣，这对身心有益。参加休闲体育活动可以帮助人们摆脱工作场所单调的生活方式，更深入地体验生活的意义和价值，享受生活的乐趣，从而为促进和普及终身运动奠定坚实的基础。

（二）文化功能

文化功能是休闲体育产业的重要功能之一，主要表现如下：

1. 促进观念的改变

在休闲体育产业中，休闲体育所蕴含的休闲、娱乐和健身等多重价值得以充分体现。这些价值观不仅加深了人们对休闲体育在提高生活质量方面重要性的理解，而且还有助于推动人们改变文化观念，有效引导人们理解传统体育，继续引导人们更积极地参与休闲体育消费，从而客观地为体育经济的可持续发展提供动力。

休闲体育产业不仅能够充分展示健身、娱乐、休闲和教育等多方面的休闲体育文化价值，同时，休闲体育本身所蕴含的艺术价值也能在整个产业中得到体现。这种方式有助于吸引更多的公众参与，促使他们更加自觉和积极地投身于体育休闲活动之中。在大众中，存在一些人对休闲体育文化有着相似甚至一致的价值观。当这些人被休闲体育文化的价值所吸引和引导时，他们可能会对某些特定的休闲体育项目产生共鸣并形成共同的看法。因此，他们对休闲体育文化的不够深入或肤浅的理解也可能会发生变化。这将导致休闲体育共同消费趋势的形成，将非常有助于扩大休闲体育及相关产品的市场份额，形成规模经济，扩大体育产业市场，促进社会和经济进步。

2. 促进人们生活的丰富

虽然人类寻求创造物质文明，但精神文明也在不断形成和发展。随着社会和文化的不断进步，人们享受物质生活，也沉浸在精神和文化生活的享受中。文化生活具有丰富多彩的特点，体育作为社会文化的一部分，同样具有深厚的文化内涵，休闲体育也不例外。

在休闲体育活动中，人们对于娱乐和休闲的精神需求得到了充分的满足，同样地，他们对美的追求也在休闲体育中得到了体现，进一步满足了人们对于自我成长和发展的期望。

休闲体育产业构成了社会文化生活的一个核心部分，它能够为人们提供各种丰富多样的活动内容与形式。随着人们闲暇时间的逐渐增多，休闲体育产业为他们提供了更广泛的选择和机遇，让他们有机会更加自由和充实地规划他们的闲暇时光。在我国，人们不只是在努力推进社会主义的物质进步，同时也在积极倡导社会主义的精神文明建设。休闲体育活动有助于提升人们的精神修养，促使人们的文化知识逐渐丰富，审美观念持续加强，从而全方位地提升人的综合素质。在闲暇时刻参与体育活动不仅能让人们的业余文化生活变得更加丰富多彩，同时也能对社会主义精神文明建设产生积极的推动效果。

（三）经济功能

1. 提供就业机会

随着休闲体育产业的进步，社会可以获得更多的工作机会，有助于有效地应对现代社会中的就业难题。在特定的社会经济环境中，当劳动者参与生产、经营或非商业活动并获得相应的报酬时，这种情况被称为就业。从本质上讲，就业是指人们为了满足他们在物质和精神上的需求，选择特定的途径来参与社会的劳动活动。在社会中，与就业有关的各种问题普遍存在，这些问题不仅对经济增长和社会稳定产生了直接影响，还对构建和谐社会造成了障碍。为了改进劳动者的生活和发展状况，并确保社会稳定，我国必须加快解决就业难题。休闲体育产业覆盖了非常广泛的领域，它是一个多功能的产业部门，不仅提供服务，还具有生产功能。随着体育休闲产业的持续发展，它将对相关产业产生积极的推动效果，从而满足各种劳动者的需求，并为社会创造更多的工作机会。

2. 刺激健康消费

现代社会强烈推崇健康的生活习惯，休闲体育自诞生之日起便与多种体育活动形式紧密相连。这些活动不仅种类繁多，而且对人们的身体和心理健康都具有积极影响，例如登山、徒步、钓鱼和健身等。参与这些活动不仅能满足人们在休闲和娱乐方面的需求，同时也对人们的身体和心理健康具有极大的益处。因此，休闲体育作为人们主要的休闲活动方式，已经成为现代社会各个层面的一部分。随着休闲体育产业的进步，人们可以享受到更多的健康生活方式，并有更多的休闲体育消费选择，这也为人们在休闲体育产业中的健康消费提供了有力的指导。

在当前时期，我国生产力呈现出强劲的增长势头，经济也在稳步上升，广大人民的经济收入也在稳步增长。经过多年的努力和发展，人们的消费能力已经达到了一个很高的水平。同时，随着人们假期的增多，他们的空闲时间也相应地增加了，这意味着他们有了更多的时间来进行消费，并且消费的范围也得到了扩展。随着消费时间的增长和空间的不断扩张，人们在休闲体育消费方面获得了更多的基础和便捷性。

随着我国与全球其他国家的交往日益频繁，人们的认知范围将逐渐扩大，传统的消费观点和生活习惯也将经历某种程度的改变，这进一步引发了消费需求的转变。目前，人们面临的基本生活问题已经得到了妥善的解决和改进，人们的主要需求集中在精神方面，自愿投资以增加知识和购买健康产品的人数正在逐渐增加。休闲体育产业是一个与当前国内市场需求高度匹配的新兴产业，也是最能推动国内消费持续增长的领域。因此，推动休闲体育产业的壮大有潜力成为不断扩大国内消费需求的关键突破点。

众所周知，尽管消费是由生产活动所驱动的，但生产的终极目标仍然是消费。随着我国工业生产的迅猛增长，第二产业在供应大量生活必需品方面的能力得到了显著提升，这使得人们的日常消费品变得更加多样化。然而，由于我国面临人口庞大的现实挑战，不可能持续刺激人们无节制的物质消费。在当前的背景下，一个相对合理且可行的方案是积极推动以精神消费为核心的休闲体育消费。鉴于人们在基本的物质需求得到满足后，精神需求会成为主要的消费目标，因此精神产品的消费具有巨大的发展潜力。

## 四、休闲体育产业产生与发展的条件

### （一）现代消费价值观的建立

马斯洛需求理论的基本思想是，人类的需求可以分为五个层次，即生理需求、安全需求、社会需求、尊重需求和自我实现需求。这五个层次的需求都是按照不同的层次来分类的。对大部分人，特别是那些理智的人来说，当基本的生活需求如衣食住行都得到满足后，他们对于休闲和娱乐等精神享受的需求也会随之增长。因此，人们在休闲消费上会投入更多的财力和时间，这是一个不争的事实。在这种情况下，如果大规模生产物质产品，尤其是生活必需品，很可能会引发供应超过需求的问题。

人们的精神需求主要体现在两个层面：一方面是为了实现个人的自由价值，另一方面则是对基于现有社会关系进行有组织、有层次的符号编码的精神成果的需求。这两方面的消费行为不仅有助于提升人们在社会中的地位，还能加强人们的自我价值实现。换句话说，当人们在这两方面进行消费时，他们会产生一种对消费档次或品位提升的认识。最初，人们将奢侈品消费视为一种流行趋势，认为它是提升个人品位和社会地位的途径。但随着时间的推移，当人们逐渐习惯于奢侈品消费时，他们开始将其视为日常生活的必需品，并将其纳入休闲消费品的范畴。人们对奢侈品的追求，并不仅仅是为了满足基础的生理或生活需求，更多的是为了展示自己或其内在价值。

在当代社会背景下，人们的消费观念已经升华为一种价值观念或价值体系。人们对于休闲体育消费品的需求，实际上是对这一核心价值观的忠实遵守。因此，休闲体育的商业服务和消费品在种类和级别上都存在差异。同时，在休闲体育消费品的分类中，也存在一些基于品牌的分类方式。在商业服务的分类中，通常是根据产品的档次来进行分类的。每个人都有其特定的生活阶段和社会阶层，为了明确自己的社会地位和阶层，我们需要利用不同级别的消费品来进行标识。换句话说，消费品的档次和品牌代表了人们的不同社会阶层。在某些情况下，即便是来自相同级别和品牌消费品的消费者，他们在社会地位和层次上也可能存在差异。

（二）个体自由本质实现的需要

在古代社会中，由于生产能力极为有限，仅依赖个体力量是不足以维持生计的，因此，人们更多地依赖于集体力量来维持生活。尽管如此，对个体的限制和牺牲成为集体生存和成长的核心策略。对于每一个个体而言，它的自我发展就是一个持续弘扬和加强其主体性的旅程，一个使其生活变得更加丰富多样，系统更加整合的旅程，以及一个使其才能不断突破，充分展现其内在力量和创造力的旅程。

人的主体性需求主要分为两大类：一是积极的主体性需求，二是消极的主体性需求。在这其中，人的主观能动性、积极性和创造性构成了积极主体性需求的具体表现形式。个体所需的舒适度、信念、安全感、公正性、善与恶、尊重、个性和自由等，都是自我需求负面的明显反应。在人类存在和成长的过程中，生产和消费行为是不可避免的，因此，对生产的需求主要体现在人们自我积极的需求中。从本质上讲，消费需求实际上是消极主体性需求的核心。人们在消费时，不只是为了满足基本的生活需求，更是为了追求和实现他们的"自由"这一核心的人性特质。因此，要想实现人们的幸福，就必须先确保自由的实现。

尽管如此，在实际生活中，真正享受到自由和幸福是不太可能的，因此人们更倾向于将这种期望放在艺术和体育活动上。为了追求自由，人们参与了各种休闲活动，其中主要形式包括艺术和体育活动。从体育的角度来看，它呈现出多种多样的形态，不仅包括奥运会的正式比赛项目，还涵盖了众多的民间体育活动。

（三）市场经济体制是前提条件

休闲体育产业的诞生是基于休闲体育活动从诞生到发展的基础阶段，这与现代市场经济的发展逻辑是一致的。与其他常规的产业领域相似，追求最大利润是那些提供休闲体育产品的公司的核心目标。休闲体育服务中的劳动分工构成了休闲体育产业发展的核心基础。从另一个角度来看，休闲体育产业有助于推动休闲体育在不同地区的分工和服务劳动的进一步深化，为休闲体育经济的增长提供了有力的支持和方向指引。

只有在市场经济结构中，休闲体育产业才能真正展现其独特的产业属性。资本的持续增值是大家都知道的，这一点在休闲体育资本中也同样适用，休闲体育产业和经济增长也离不开资本的持续增长。从某个角度来看，休闲体育资本构成了一个庞大的开放体系，其中融合了休闲体育的元素。此外，这也可以视为一种引导力量，有助于实现休闲体育经济结构的转型。

(四) 休闲时间充裕与收入的增加

休闲不仅仅是物质生产的一部分，社会生产力的进步水平也直接影响着休闲活动所需的时长。在社会发展的不同阶段，休闲时间的不同主要是由生产力发展水平所决定的。在进入资本主义社会之前，为了确保社会的持续生存和发展，人们需要投入大量的人力和时间。

工业革命后，由于采用了蒸汽机等先进的动力设备，劳动生产效率得到了显著的提升。这种进步极大地丰富了人们日常生活中必需品的种类和多样性。因此，在这种情况下，人们不再需要将全部时间都投入到劳动中，而是可以抽出部分时间来参与各种休闲活动。但是，在资本主义的原始积累时期，人们的每日工作时长可以达到十几个小时，而他们的空闲时间相对较少，这导致了休闲消费没有得到充分的发展。

如今，随着社会生产能力的持续增长和人们生活品质的提升，人们的收入也在稳步上升，同时产业和产品结构也在不断地进行优化。如今，市场上有众多的物质和精神文化产品供人们选择和消费，这无疑为休闲消费提供了巨大的推动力。因此，生产力和经济水平的提升，以及收入的增加，都是推动休闲消费增长的关键因素。

# 第二节 我国休闲体育产业的发展现状分析

我国的休闲体育产业经过数十年的持续发展，已经取得了显著的成就。这些成就主要体现在市场规模的扩大、休闲体育市场体系的初步构建、体育健身服务向多样化和连锁化方向发展、体育经济法律体系的不断完善、市场管理逐渐规范化、体育人口数量的增加，以及休闲体育产业对国民经济增长的重大影响等多个方面。

## 一、初步形成了体育健身休闲市场体系

在评估一个国家体育产业的发展水平时，主要衡量标准是该国是否拥有完善的体育市场结构。现代体育市场结构是一个多元化的市场体系，主要由两个主要市场组成。换句话说，市场上有体育用品和体育服务市场。详细的市场结构涵盖许多相关领域，包括但不限于体育用品市场、娱乐和健身市场、体育经纪人市场和市场竞争。20 世纪 80 年代初，中国的娱乐和体育市场逐渐出现。经过 40 多年的可持续发展，特别是过去 10 年的快速增长，新市场结构开始成型，主要特征表现如下：

（1）各种休闲体育机构与平等竞争的关系。

（2）有多种所有制并存。

（3）有来自不同行业的投资主体。

（4）健身、运动和营养补充剂市场、运动、健身和娱乐商品市场（健身市场是主要机构）等共同发展。

（5）休闲体育在市场上提供低、中、高三种不同级别的体育产品和服务。

具有上述特点的休闲体育市场结构为休闲体育产业的可持续发展奠定了坚实的基础。

## 二、体育健身服务呈现出多元化发展的趋势

各种健身中心和休闲体育俱乐部为消费者提供了广泛的健身服务和内

容，包括锻炼、健身设备、舞蹈、体育锻炼、有氧运动、健康按摩、羽毛球、台球、保龄球、瑜伽、网球、武术和游泳。这些健身中心不仅提供广泛的健身选择，还为消费者提供各种服务选择。例如，在健身、娱乐和体育中心，消费者可以同时享受锻炼、健身、美容、康复和其他服务。因此，在娱乐、健康、朋友等需求方面，来自社会各个阶层的人们都可以在各个方面感到满意。

### 三、重视体育经济法制的建设

市场经济实质上是基于法律的经济体系。休闲体育产业的持续发展和体育市场的有序、规范运作，都离不开经济法制的完善和市场秩序的规范管理。自 20 世纪 90 年代开始，我国的体育产业经历了飞速的增长，与此同时，相关的政府部门也在努力完善体育经济的法律体系。众多的国家和地方体育法规陆续出台，其中，《公共体育文化设施条例》《全民健身条例》和《体育法》等都是被广泛接受的体育相关法规。此外，为了进一步规范和加强体育市场的管理，国家正在努力完善休闲体育产业从业人员的资格认证制度和体育市场的入场规定，这将为包括休闲健身产业在内的体育产业的持续发展提供坚实的法律支撑。

### 四、连锁化经营模式发展较快

为了进一步扩大市场份额，这些企业开始采用连锁经营的管理模式，并因此得到了大量健身企业的广泛应用，以推动其业务规模的持续扩张。

外国知名的体育健身公司在我国市场上稳固了其地位，并持续推动市场规模的扩大。他们选择了连锁经营模式来寻求更大的发展机会，这在我国市场迅速产生了显著的影响，并进一步提高了体育市场的集中度。外国的体育公司能够在我国迅速占据市场份额，这主要归功于它们强大的资金支持、高度的知名度、出色的品牌形象、较高的经营和管理能力以及前沿的健身观念。

## 五、面临日趋激烈的市场竞争和较大的经营风险

自从我国成为世界贸易组织的一员后，我们见证了许多国外知名的体育健身公司的崛起，例如美国的倍力和英国的菲力斯公司等。这批知名企业进驻我国后，带来了双重效应，即正面和负面效应，具体描述如下：

正面效应：知名公司进入中国市场，将前沿的健身观念和经营管理经验引入中国，对中国体育健身企业的发展产生了积极的影响。

负面效应：当知名公司进入我国市场时，我国的体育健身市场竞争变得更为激烈。这些公司在提供的服务产品上并没有太大的区别，因此它们对消费者的吸引力相对均衡。为了吸引更多的消费者，这些公司往往会果断地选择定价策略，这可能导致我国体育健身市场的秩序混乱，并可能引发不公平的市场竞争，从而增加了企业的经营风险。

# 第三节  体育旅游产业的经营策划与管理研究

## 一、体育旅游概述

### （一）体育旅游的概念

那些以观赏、欣赏和参与各类体育活动为主要目的的旅游活动，被称

为体育旅游。体育旅游代表了体育与旅游的融合，形成了一个创新的产业领域。自改革开放以来，伴随着我国旅游产业的蓬勃发展，体育旅游也逐渐崭露头角。在国家的旅游产业中，体育旅游占据了一个核心位置。体育旅游的兴起依赖于体育资源和相关设施，而其主要的商品和服务形式则是体育旅游的商品和服务。

（二）体育旅游的要素

体育旅游资源、体育旅游设施和体育旅游服务是开展体育旅游必须具备的三大要素，具体阐述如下：

1. 体育旅游资源

所谓的体育旅游资源，指的是那些能够激发消费者对体育旅游的兴趣，能够在体育旅游产业的运营和管理中发挥作用，通过这种方法，在各种因素和经济条件下产生了价值。体育旅游产业的存在和发展取决于基本条件和主要因素，即体育旅游资源。中国体育旅游资源丰富，可分为三类：自然资源、人力资源和旅游资源。

2. 体育旅游设施

为接待体育旅游消费者而建设和提供的所有物资设备，总称为体育旅游设施。体育旅游设施有以下两种类型：

（1）由宾馆、交通、饭店及各种旅游用品商店等为体育旅游消费者的一系列活动提供服务的部门所构成。

（2）各类设备的主要目的是为了满足体育旅游消费者的不同需求和喜好。开展体育旅游业务的基础条件之一便是必须具备基础的体育器材。体育旅游服务的品质不仅会受到体育旅游相关设施和设备的制约，而且体育旅游的整体水平也会受到这些因素的影响。

3. 体育旅游服务

为了确保体育旅游消费者的旅行活动能够无障碍地进行，体育旅游经营单位所提供的各类服务被统称为体育旅游服务。

## 二、体育旅游产业的经营策划

（一）产品策划

所有的旅游活动都应以旅游产品为核心，而体育旅游产业的关键在于体育旅游产品的策划。体育行业中的其他商业策略可能会受到产品设计的制约。那些以体育观光为核心目标的旅游活动，通常被称为体育旅游产品。体育旅游产品具有很高的专业性。

为了推动体育旅游产业的持续发展，一个关键的步骤是不断地开发新的体育旅游产品，这也构成了评估体育旅游经营实体生存能力的一个核心指标。经过改革和创新的体育旅游产品均被视为体育旅游的新型产品。无论对旅游产品的改进还是创新，最终的产品都应该优于改革和创新之前的体育旅游产品，并且要与体育旅游市场的需求保持一致。

因此，经营体育旅游的单位不仅需要开发常规的体育旅游项目，还需要开发新颖的体育旅游资源，特别是那些具有浓厚民族和民间特色的体育旅游项目，以增加对消费者的吸引力。体育旅游的经营实体在开展和扩展业务时，必须确保其业务特色与常规业务有所区别。只有这样，我们才能用独特的策略吸引更多的顾客。

（二）促销策划

尽管我国的体育旅游产业发展历程相对较短，但仍有大量的体育旅游资源未被充分开发，因此也难以进行有效利用。因此，经营体育旅游的单位需要加强对我国体育旅游资源、设施和服务的广泛宣传，以促进体育旅游业务的持续扩展。这不仅包括开发国内的旅游市场，还包括走出去，对国际体育旅游市场进行开发。为了开拓国际市场，我们主要从两个方面入手：一是积极地组织国外的体育旅游消费者，鼓励他们到我国参与体育旅游活动，并进行体育旅游的消费实践；二是我们应该整合我国的体育旅游消费者，鼓励他们参与到国外的体育旅游活动中。只有采纳"走出去"的策略，我们才能持续地拓展国内的体育旅游市场，并进一步增强我国体育旅游产业的营利能力。

在体育旅游的推广中，公共关系、促销活动、宣传材料和广告等都是关键的策略和手段。为了确保促销策划能够有效地服务于目标市场，我们应该对体育消费旅游和体育产品旅游进行准确和全面的分析。只有这样，我们才能正确选择营销策略，确保这些策略真正服务于目标市场。

## 第四节　体育健身业的运营管理研究

### 一、体育健身休闲产业经营的基本要求

（一）结合社会效益与经济效益

在我国，体育健身休闲产业的崛起将产生双重的正面效应。首先，它将刺激消费和社会经济的增长；其次，它将促进全民参与健身活动。这进一步凸显了体育健身休闲产业在我国所扮演的经济和社会的双重角色。因此，那些经营体育健身休闲产业的人，在其经营活动中必须深刻理解将经

济收益与社会价值相结合的关键性。在涉及体育健身休闲的各种商业活动中，经营者需要利用各种不同的体育设备，积极地开发各类体育资源，以便为消费者提供更多种类的项目和产品，以满足他们在健身和休闲方面的多样化需求。同时，经营者通过提供多种服务，如场地、设施和技术指导，为消费者进行健身健美、休闲娱乐和康复等体育活动创造了一个良好的氛围，这也有助于充分发挥体育健身休闲产业对我国全民健身计划的积极推动作用。同时，体育健身休闲产业在向消费者提供产品和服务的过程中，也能获得相当可观的经济收益。

（二）对体育健身休闲市场的发展规律进行研究

身为一个正在发展中的国家，我国在其社会经济进步中遭遇了某些不均衡的状况。体育健身休闲产业作为一个新兴领域，其经营者有责任积极研究和探索体育健身休闲市场的发展规律和趋势，以便能够制定和实施相应的有效经营策略和手段。

（三）对目标市场进行确定，将经营特色凸显出来

虽然体育健身休闲市场的潜力巨大，但从企业的角度来看，不可能涵盖所有相关的内容。确立目标市场意味着明确体育健身休闲产业的服务受众和经营领域，利用其独特的经营策略吸引更多的体育健身休闲消费者，并通过提供高品质的服务确保消费者的长期留驻。

（四）对市场营销策略加以重视

目前，在我国的体育健身休闲产业市场中，买方市场成为主导趋势，使这一市场中的竞争异常激烈。因此，如果体育健身休闲产业希望在市场上获得更大的份额并长期留住消费者，那么他们必须高度重视市场营销策略，并灵活地运用各种销售渠道和营销手段。

## 二、体育健身休闲产业主要经营的内容

（一）体育健身休闲项目经营

随着民众的生活品质持续上升和收入的逐渐增长，体育健身休闲产业作为一个新兴的产业逐渐浮现。现阶段，体育健身休闲市场正在经历一个充满活力的发展时期。根据对我国健身俱乐部的深入调研，目前我国体育健身休闲的主要经营项目包括器械健身、体育舞蹈、保龄球、网球、台球、羽毛球、乒乓球、健身气功、游泳、跆拳道和健美运动等。

从上面提到的主要商业活动来看，健身和体育的各个方面几乎都被纳入了考虑范围内。体育健身休闲市场中健身项目的全面性可以从其主要的经营领域中得到体现，同时，体育健身休闲产业的全面发展趋势也可以从这些经营项目中看出。调查结果显示，在我国当前的体育健身休闲产业中，保龄球被视为一个"热门"项目，而网球和健美运动则被视为"次热门"项目，与这些项目相比，其他项目的经营热度相对较低。

为了确保经营项目的顺利进行，必须配备适当的设备和设施。在当前阶段，体育健身休闲市场的设备基本上能够满足各种经营活动的需求，总体来说，这些设备的配置水平与所经营的项目是相互匹配的。

（二）健身休闲服务设施经营

在经营体育健身休闲产业中的健身休闲设备时，提供健身休闲活动的基础服务是不可或缺的。除了上述内容，我们还需要确立一个全面的观点，从一个宏观的角度来看，加大对其他各种健身服务的支持，这些服务应当是健身休闲的消费者或参与者所需，并得到广大的认同。充分利用健身休闲设施的各项功能，是经营健身休闲服务设施的关键所在。因此，在体育

健身休闲产业的运营过程中，计划服务和环境服务等基础设施的组成条件已被纳入最基础的服务范畴，这表明计划和环境服务已经得到了高度的关注和重视。

为了不断提升健身休闲基础服务的效果，在确定健身休闲服务范围的过程中，经营者需要将一些额外的服务（如健身教练的素质、收费、接待、附属设施等）考虑到消费者或参与者的心理需求（如设施的形象、舒适度、沟通等）。从这一视角来看，健身休闲设施的经营进展将会受到其内部服务结构的直接影响，甚至可能是决定性的作用。

## 三、体育健身休闲产业的管理

（一）物资管理

体育健身休闲产业的物资管理主要包含以下三个程序：

（1）购发物资用品。

（2）各部门负责人向总经理提交本部门所需要的物资用品制订计划。

（3）总经理负责指派相关的负责人来规划和预算每月的物资需求。

在主管副总经理审核预算和计划之后，由总经理指定的负责人负责采购物资和用品，并根据实际工作需求有计划地将物资和用品分发给各个部门。各个部门的负责人都需要签名以领取所需的物资和用品。

在物资和用品的采购和分发过程中，由总经理指派的负责人必须满足以下几个核心标准：物资种类繁多、物品完备、数量足够、品质上乘、花费合理、库存管理得当以及妥善保管。此外，负责人还需要准备一本账簿，并确保入库和出库的相关手续都得到妥善处理。在物资和用品的管理过程中，管理人员必须高度重视安全，保持清洁，并严格遵循相关规定和制度，任何非工作人员进入仓库都必须获得相关部门的许可。

（二）行政管理

为了确保体育健身休闲产业行政管理的持续加强，我们需要妥善处理内部关系，使管理流程更加标准化和制度化，从而提高工作效率。在行政管理中，印鉴的管理、档案的维护、公文的处理、仓库的维护、报纸和邮件的管理以及办公用品的管理都是核心任务。

（三）计划管理

在市场经济的背景下，为了确立全面、均衡、适应变化、面向大众和追求效益的观点，我们需要加强对健身休闲产业的经营策略管理。在体育健身休闲产业环境中，所有员工的行动计划都应以产业的经营策略为基础，对于生产和销售的任务分配也应以该经营策略为基准。因此，在休闲体育产业里，所有的生产环节和经营活动的实施都必须严格按照计划来进行。

1. 制订计划的依据

在制订休闲健身体育产业的经营策略时，我们需要遵循的核心方法和基本准则包括统一的领导、明确的分工责任以及整体的平衡策略。体育健身休闲产业的经营计划制订主要是基于以下几个关键因素：

（1）宏观经济环境（国家及所在地区）。

（2）市场预测及需求状况。

（3）企业经营方针和经营目标。

2. 计划制订的程序

在制订体育健身休闲产业的经营计划时，大致程序主要有以下几个：

（1）为了深入理解和明确体育健身休闲产业的真正价值，我们不仅要追求盈利，更要深刻认识到产业在社会中的责任和所需要做的贡献。我们需要采纳策略来提高员工的生活品质和增加他们的收入，从而为消费者提供更为全面和优质的服务。

（2）对体育健身休闲产业自身的优势与不足进行分析与了解，有针对性地弥补不足并发挥优势。

（3）对产业周边外部环境的变化进行全面的了解，需要了解的周边环境主要包括消费者消费习惯的改变，政府相关法律法规的制定与变迁等。

（4）对产业发展的目标及方针进行明确的制定，同时尽可能地使目标能够数量化。

（5）对可能的计划执行方案进行探索。

（6）对产业发展的计划方案进行彻底的执行。

（7）对产业发展的成果进行评价，针对不足加以改进。

在制定体育健身休闲产业的发展策略时，如何平衡目标与策略之间的关系成为一个必须重点关注的议题。无论体育健身休闲产业的种类如何，它们的发展首先都应设定一个核心的发展目标。在这个目标被明确后，其次进一步制订相应的基本计划。各个部门在制订具体的目标和计划时，都应以这个核心计划为基础，并受到其决定性的影响。同理，在制订长期计划时，首先需要明确长远的目标，而年度和短期的目标制定都应基于这些长远的目标和计划。长期的目标和计划与短期的目标和计划之间的关系必须是紧密相连的。换句话说，每一个行动的实施都是为了更有效地推进下一阶段的任务，而每个计划通常都以其下一个阶段的目标为导向，而不是作为一个独立或孤立的存在。

（四）财务管理

在财务管理中，制订关键的财务管理计划是核心任务，这主要涉及收入和支出的规划、资金的调配以及资金的周转计划等方面。在所有的财务管理计划中，收支计划占据了至关重要的位置，它主要分为两个部分：收入的规划和支出的规划。

体育健身休闲企业的管理层必须对财务计划有深入的了解和掌握，通过数字化手段明确企业的实际运营状况，这样才能更有效地进行财务管理，并进一步提升管理的效率和成果。

（五）服务管理

消费者对于体育健身休闲服务的满意程度，主要是通过服务的质量来衡量的，也就是说，体育健身休闲提供的服务是否满足了消费者的预期。服务的时长、服务设备的维护与保养以及服务提供者的服务态度，都是决定服务质量的关键因素。在体育健身休闲产业进行服务质量管理的过程中，务必以满足客户需求为出发点，进行深入的客户满意度调查，并针对全方位的新型服务进行开发。为了进一步提升体育健身休闲机构的服务水平，并确保各种消费者的需求得到满足，从而长期留住他们，服务机构有必要从专业角度对服务人员进行培训。这将有助于不断提高服务人员的专业技能，并基于教育、技术和质量等方面对他们进行严格的筛选，确保他们对业务的服务质量和绩效有深入的了解。

# 参考文献

［1］白震，王幸新，杨莉．当代体育产业多元化发展研究［M］．长春：吉林人民出版社，2021．

［2］白震，袁书立，张华岳．体育产业发展：新的机遇与挑战［M］．长春：吉林人民出版社，2021．

［3］胡昕．经济学视角下的中国体育产业发展研究［M］．青岛：中国海洋大学出版社，2018．

［4］李静文．休闲体育产业与经营管理［M］．北京：新华出版社，2017．

［5］李湘浓，朱焱，孙一．体育场馆商业运营回头经济的研究与实践［M］．北京：中国社会科学出版社，2023．

［6］李艳丽．体育经济学［M］．北京：科学出版社，2023．

［7］连桂红，武善亮，刘建刚．体育经济学［M］．北京：人民体育出版社，2016．

［8］罗良忠，马瑛．体育产业战略性资本运作研究［M］．上海：复旦大学出版社，2013．

［9］莫京宇，王玲．浅析现代体育的经济功能与效益［J］．文理导航，2017（23）：30.

［10］潘彦宏．基于休闲体育对现代经济社会生活的影响分析［J］．商业文化（下半月），2010（11）：360-361.

［11］彭圣致．现代体育经济的多维度发展探析［M］．北京：中国经济出版社，2020.

［12］任保平，李婧瑜．数字经济赋能我国体育产业现代化的逻辑与路径［J］．体育学研究，2023（2）：1-7.

［13］唐红兵．体育产业视野下的体育舞蹈发展研究［M］．长春：吉林人民出版社，2020.

［14］王玲．浅析现代体育的经济功能与效益［J］．经济研究导刊，2017（30）：30-31.

［15］王伦国．现代视角下的体育经济发展研究［M］．长春：吉林人民出版社，2022.

［16］王馨怡，马胜敏．数字经济赋能我国体育产业现代化发展［J］．当代体育科技，2023（27）：99-102.

［17］王璇，沈克印．中国式现代化视域下数字经济助推体育产业高质量发展的实施路径［J］．沈阳体育学院学报，2023（4）：115-121.

［18］王兆红，许寒冰．体育经济学［M］．北京：电子工业出版社，2020.

［19］魏永旺．体育经济与管理［M］．长春：吉林出版集团股份有限公司，2019.

［20］吴瑶，崔为秀．体育经济效益下现代田径赛事发展概述［J］．文体用品与科技，2023（2）：85-87.

［21］肖徽样．现代知识经济下社区体育的发展探析［J］.中国科教创新导刊，2012（7）：213.

［22］信伟．高校体育经济的发展研究［M］.北京：中国经济出版社，2022.

［23］信伟．经济学视域下的体育产业发展探索［M］.北京：经济管理出版社，2021.

［24］信伟．体育经济学理论分析与经营管理研究［M］.北京：中国经济出版社，2020.

［25］张为付．江苏体育产业发展研究报告2017［M］.南京：南京大学出版社，2018.

［26］张为付，崔向阳．江苏体育产业发展研究报告2016［M］.南京：南京大学出版社，2017.

［27］周伟峰．体育产业与体育文化发展管理探索［M］.长春：吉林人民出版社，2022.